200
recetas para ollas
de cocción lenta

200

recetas para ollas de cocción lenta

BLUME

Sara Lewis

BLUME

Título original:
200 Slow Cooker Recipes

Traducción:
Olga Usoz Chaparro

Revisión técnica de la edición en lengua española:
Eneida García Odriozola
Cocinera profesional
(Centro de formación de cocineros y pasteleros de Barcelona Bell Art).
Especialista en temas culinarios

Coordinación de la edición en lengua española:
Cristina Rodríguez Fischer

Primera edición en lengua española 2011

© 2011 Naturart, S. A. Editado por BLUME
Av. Mare de Déu de Lorda, 20
08034 Barcelona
Tel. 93 205 40 00 Fax 93 205 14 41
e-mail: info@blume.net
© 2009 Octopus Publishing Group, Londres

ISBN: 978-84-8076-952-5
Depósito legal: B. 6.406-2011
Impreso en Tallers Gràfics Soler, S. A.,
Esplugues de Llobregat (Barcelona)

WWW.BLUME.NET

En las recetas que se presentan en este libro se utilizan medidas
de cuchara estándar. Una cucharada sopera equivale a 15 ml;
una cucharada de café equivale a 5 ml.

Utilice hierbas frescas a menos que se especifique lo contrario.

Las autoridades sanitarias aconsejan no consumir huevos crudos. Este libro
incluye algunas recetas en las que se utilizan huevos crudos o poco cocinados.
Resulta recomendable y prudente que las personas vulnerables, tales como
mujeres embarazadas, madres en período de lactancia, minusválidos, ancianos,
bebés y niños en edad preescolar eviten el consumo de los platos preparados
con huevos crudos o poco cocinados. Una vez preparados, estos platos deben
mantenerse refrigerados y consumirse rápidamente.

Se han empleado huevos de tamaño mediano.

Este libro incluye recetas preparadas con frutos secos y derivados de
los mismos. Es aconsejable que las personas que son propensas a sufrir
reacciones alérgicas por el consumo de los frutos secos y sus derivados,
o bien las personas más vulnerables (como las que se indican en el párrafo
anterior), eviten los platos preparados con estos productos. Compruebe
también las etiquetas de los productos que adquiera para preparar los alimentos.

Lea las instrucciones de su olla eléctrica de cocción lenta antes de empezar
y precaliente el aparato si las instrucciones del fabricante así lo indican.
Debido a que las ollas eléctricas de cocción lenta cambian de un fabricante
a otro, compruebe los tiempos de cocción de su aparato antes de empezar.

Todas las recetas de este libro se han probado con una olla de forma ovalada,
una capacidad de trabajo de 2,5 litros y una capacidad total de 3,5 litros.
Use guantes o trapos para tocar la olla cuando haya acabado de cocinar.

contenido

introducción   6

desayunos y tentempiés   16

carnes, aves de corral y caza   50

pescados y mariscos   122

hortalizas   144

postres, bebidas y conservas   180

índice   234

agradecimientos   240

introducción

introducción

Si desea preparar comidas sanas y caseras, pero piensa que no dispone del tiempo suficiente, ya es hora de replanteárselo, porque sólo necesitará invertir de 15 a 20 minutos a primera hora del día para preparar comidas en la olla eléctrica de cocción lenta, lo que le permitirá disponer de tiempo libre para dedicarse a otras cosas.

La olla eléctrica de cocción lenta resulta ideal para cualquier familia con niños, puesto que podrá preparar las comidas después de llevarlos a la escuela para que estén listas en el momento en que tanto usted como sus hijos se encuentran más cansados. Si trabaja por turnos o es estudiante, y tiene clases durante el día, podrá preparar la comida antes de salir, de forma que al llegar la tenga lista. Si acaba de jubilarse, podrá dejar que la comida se haga mientras disfruta de un relajante día en el curso de golf; asimismo, la olla eléctrica de cocción lenta le permitirá disponer de tiempo libre para abordar ese proyecto de bricolaje que ha estado retrasando.

Dado que los alimentos se cocinan lentamente, no tendrá que preocuparse de que se resequen, se derramen, ni se peguen; además, dependiendo del ajuste seleccionado, podrá dejarlos cocinando de 8 a 10 horas.

Los platos que se cocinan lentamente resultan mucho más sabrosos que los preparados a toda velocidad. Cuando los hornos microondas se comenzaron a utilizar, supusieron la solución para nuestras ocupadas vidas de trabajo, y, si bien es cierto que un microondas permite elaborar

platos en cuestión de minutos, la verdad es que, a menudo, éstos carecen de sabor y color.

Los platos precocinados congelados se pueden volver a calentar en sólo unos minutos, pero resultan caros y carecen de algunas propiedades nutritivas.

Una olla eléctrica de cocción lenta resulta, además, ecológica, ya que no tendrá necesidad de encender el horno para elaborar un único plato, lo que le permitirá ahorrar energía con ella. Consume aproximadamente la misma electricidad que una bombilla, por lo que su empleo no resulta nada costoso. Además, la cocción prolongada y lenta transforma las carnes más económicas y duras en platos que se funden en la boca, puesto que la carne se desprende del hueso literalmente. Pruebe, como ejemplo, la receta de cerdo estofado a fuego lento con pisto (*véanse* págs. 74-75) o las costillas glaseadas con sirope de arce (*véanse* págs. 90-91).

Las ollas de cocción lenta resultan también ideales para cocinar postres al vapor, dado que, al no producirse evaporación, no tendrá que acordarse de añadir agua en ningún momento.

Si añade agua a la olla, la podrá utilizar, además, para cocinar patés, terrinas o cremas horneadas. Podrá agregar mezclas de bebidas alcohólicas o jugos de frutas a fin de elaborar ponches y otros cócteles que se sirven calientes.

La olla eléctrica de cocción lenta se puede emplear también para preparar *fondues* de chocolate y queso, conservas, como cremas de limón, o sencillos *chutneys*, así como para hervir huesos o carcasas de pollo a fin de elaborar caldos caseros.

tamaños recomendados

Las ollas eléctricas de cocción lenta se presentan en tres tamaños que vienen determinados por su capacidad. El tamaño, que por lo general aparece impreso en el embalaje, corresponde a la capacidad de funcionamiento o al espacio máximo para los alimentos.

- Para dos personas se recomienda utilizar una miniolla eléctrica de cocción lenta ovalada con una capacidad máxima de 1,5 litros y una capacidad de funcionamiento de 1 litro.
- Para cuatro personas es interesante emplear una olla redonda u ovalada multiuso con una capacidad total de 3,5 litros y una capacidad de funcionamiento de 2,5 litros.
- Para seis personas deberá usar una olla eléctrica de cocción lenta grande y ovalada, con una capacidad total de 5 litros, o una redonda extragrande de 6,5 litros con una capacidad de funcionamiento de 4,5 litros.

Curiosamente, las ollas eléctricas de cocción lenta de gran tamaño cuestan poco más que las medianas, lo que puede llevarle a pensar que quizá resulten más rentables; sin embargo, a no ser que tenga una familia numerosa o le guste cocinar grandes cantidades de comida para disponer de raciones de sobra para congelar, es probable que le parezcan demasiado grandes para sus necesidades diarias. Recuerde que deberá rellenar la olla por la mitad a la hora de preparar platos de carne, pescado o verduras.

La forma más recomendada y versátil es la ovalada, que resulta ideal para preparar un pollo entero y dispone del tamaño suficiente para un molde para pudín, o cuatro moldes de postre individuales; tiene capacidad suficiente para elaborar seis raciones de sopa. Se recomienda optar por una olla con indicador luminoso a fin de poder comprobar a simple vista si la olla está encendida.

antes de comenzar

Resulta de vital importancia leer detenidamente el manual de instrucciones antes de utilizar la olla eléctrica de cocción lenta. Algunos fabricantes recomiendan precalentar la olla eléctrica a la temperatura máxima durante un mínimo de 20 minutos antes de añadir los alimentos; otros no.

¿cuánto se debe llenar la olla?

Una olla eléctrica de cocción lenta sólo se puede emplear con líquido, y lo ideal es que se llene como mínimo por la mitad. En caso de rellenarla con tres cuartos de líquido, o si prepara una sopa, asegúrese de que éste guarde una distancia de, al menos, 2,5 cm desde el borde superior.

Los cuartos traseros de carne no deberán ocupar más de dos tercios del espacio. En caso de emplear un molde, asegúrese de que haya un espacio de 1,5 cm a su alrededor o de 1 cm en el punto más estrecho, si usa una olla ovalada.

ajustes de temperatura

Todas las ollas eléctricas de cocción lenta disponen de tres ajustes de temperatura: alta, baja y apagada, y algunas tienen también las opciones de temperatura media, templada y automática. Por lo general, con la opción de temperatura alta invertirá la mitad del tiempo que con la baja, al cocinar carne troceada en dados o guisos de verduras, lo que puede resultarle útil si planea comer a la hora del almuerzo o se retrasa al comenzar a elaborar un guiso. Ambas opciones alcanzarán un punto de cocción justo por debajo de los 100 °C durante la cocción, pero si elige la opción alta se alcanzará la temperatura con mayor rapidez.

Puede resultar útil el empleo de temperaturas combinadas, que es recomendado por algunos fabricantes al inicio de la cocción. Para obtener más información, consulte el manual del fabricante.

temperaturas recomendadas para los distintos alimentos

A continuación se muestra una guía general de lo que deberá cocinar en función de la temperatura.

baja
• Carnes troceadas en dados y guisos de verduras
• Chuletas o traseros de pollo
• Sopas
• Postres de cremas con huevo
• Platos de arroz
• Platos de pescado

alta
• Pudines al vapor dulces o salados o platos dulces que incluyan agentes de fermentación
• Patés y terrinas
• Pollos o faisanes enteros o media paletilla de cordero

tiempos de cocción

Todas las recetas del libro se elaboran con distintos tiempos de cocción, lo que garantiza que estarán tiernas y listas para su consumo en tiempos reducidos, aunque también podrán cocerse durante 1 o 2 horas más sin perder valor, lo que resulta ideal si su trabajo se alarga, por ejemplo.

Si desea acelerar o disminuir la velocidad de la preparación de guisos a base de verduras o carnes troceadas en dados, a fin de que los tiempos se adapten mejor a sus planes, ajuste las temperaturas y los tiempos de cocción de acuerdo con la tabla que se muestra a continuación.

Baja	Media	Alta
6-8 horas	4-6 horas	3-4 horas
8-10 horas	6-8 horas	5-6 horas
10-12 horas	8-10 horas	7-8 horas

(Los tiempos de cocción que se muestran en la tabla corresponden al manual de instrucciones de una olla eléctrica de cocción lenta de la marca Morphy Richards. Nota: no modifique los tiempos de cocción ni las temperaturas para los platos de pescado, los platos de cuartos traseros enteros y los lácteos.)

cómo utilizar su olla eléctrica de cocción lenta por primera vez

Antes de comenzar a utilizar su olla eléctrica de cocción lenta, colóquela sobre la encimera en un lugar que no estorbe y asegúrese de que el cable quede insertado en la parte trasera sin que cuelgue sobre la encimera.

La parte externa de la olla eléctrica se calienta, por lo que deberá ser consciente de ello. Utilice guantes para el horno o paños de cocina cuando saque el recipiente extraíble de su caja protectora. Colóquelo sobre un salvamanteles resistente al calor sobre una mesa o encimera para servir la comida.

Si la tapa de su olla eléctrica de cocción lenta dispone de un conducto de ventilación en la parte superior, asegúrese de que la olla no esté colocada debajo de un armario situado a la altura de los ojos, a fin de evitar que el vapor pueda quemar a quien intente abrir el armario. Si es necesario, antes de empezar a preparar una receta, compruebe siempre que las fuentes para los cuartos de carne, suflés o los moldes individuales encajen en el recipiente de su olla eléctrica para no sentirse frustrado en el momento crítico.

cómo preparar los alimentos para la olla eléctrica de cocción lenta

carnes

Trocee la carne en pedazos del mismo tamaño para que la cocción sea homogénea y fríala antes de agregarla a la olla eléctrica de cocción lenta.

Podrá preparar una pintada o un faisán entero, un pedazo pequeño de jamón o media paletilla de cordero en una olla eléctrica de cocción lenta ovalada, pero asegúrese de no llenar más de los dos tercios

> **consejo**
> A medida que la olla eléctrica de cocción lenta se calienta, forma un cierre hidráulico justo por debajo de la tapa, pero siempre que la abra, éste se romperá, por lo que cada vez que retire la tapa deberá aumentar el tiempo de cocción 20 minutos.

inferiores de la olla. Cubra con líquido hirviendo
y cueza a temperatura alta. Podrá saber si está
cocinado, bien utilizando un termómetro para
carnes o insertando una broqueta en la parte
más gruesa para comprobar que el jugo tenga
un color claro.

Añada caldo o salsa hirviendo a la olla eléctrica
de cocción lenta y empuje la carne por debajo de
la superficie antes de que la cocción comience.

verduras

Curiosamente, los tubérculos pueden requerir
mayor tiempo de cocción que la carne. Si añade
verduras a un guiso de carne, asegúrese de
trocearlas en pedazos algo más pequeños
que los de carne e intente que todos tengan
un tamaño similar, a fin de que se cocinen
de forma homogénea. Sumerja las verduras
y la carne en el líquido antes de que
comience la cocción.

Si prepara una sopa, tritúrela, dentro de la olla,
con una batidora eléctrica, si dispone de una.

pescado

Ya corte el pescado en pedazos o cocine una porción
de mayor tamaño de unos 500 g, la cocción suave y
lenta evitará que se rompa o que se cocine demasiado.
Asegúrese de cubrir el pescado con líquido caliente
para que se cocine de forma homogénea por dentro.

No añada mariscos hasta los últimos 15 minutos
de cocción y asegúrese de ajustar la olla eléctrica
a la máxima temperatura. Si utiliza pescado
congelado, éste deberá estar completamente
descongelado, enjuagado en agua fría y bien
escurrido antes de poder cocinarlo.

---

consejo

Aparte de los guisos, en la olla eléctrica
de cocción lenta podrá elaborar multitud de
recetas; pruebe, por ejemplo, con las sopas,
los pudines al vapor, las cremas al horno, los
ponches calientes e incluso con los pasteles,
los *chutneys* y las conservas.

---

pasta

Para obtener los mejores resultados, cueza la pasta por separado en una cazuela con agua hirviendo e incorpórela al guiso justo antes de servirla. Las pastas de menor tamaño, como los macarrones o las conchas, se podrán añadir a las sopas entre 30 y 45 minutos antes de que finalice la cocción.

Para las recetas que requieran tiempos breves de cocción, podrá poner la pasta en remojo con agua hirviendo, como en la receta macarrones con abadejo ahumado (*véanse* págs. 132-133).

arroz

Para las ollas eléctricas de cocción lenta se recomienda el arroz de cocción rápida, dado que ya se ha cocido parcialmente durante su fabricación, eliminándose así parte del almidón y quedando más suelto.

Si prepara arroz, utilice un mínimo de 250 ml de agua por cada 100 g de arroz de cocción rápida o hasta 500 ml para el *risotto*.

legumbres secas

Asegúrese de poner en remojo las legumbres secas en abundante agua fría durante toda la noche. Escúrralas, incorpórelas a una cazuela con agua fría y llévela a ebullición. Hierva a fuego intenso durante 10 minutos y escurra o agregue el líquido de la cocción a la olla eléctrica de cocción lenta. Para obtener una información más detallada, consulte las recetas.

La cebada perlada o las lentejas no requieren remojarse durante una noche. Si tiene alguna duda, compruebe las instrucciones que aparecen en el envase.

crema y leche

Por lo general, las cremas y la leche se añaden al principio de la cocción, sólo en el caso de elaborar arroz con leche y platos cremosos de huevos al horno. Utilice leche entera, si va a ser cocinada directamente en la olla eléctrica de cocción lenta y no en moldes, ya que es menos probable que se corte.

Si prepara una sopa, agregue la leche al final, una vez que la sopa se haya licuado. Incorpore la crema a las sopas 15 minutos antes de que finalice la cocción.

cómo espesar estofados y guisos

Los guisos se pueden espesar de la misma forma que lo haría si cocinara de la manera convencional. Podrá llevarlo a cabo antes de la cocción lenta, añadiendo la harina después de dorar carne o freír cebollas, o podrá espesar el guiso con harina de maíz mezclada con un poco de agua entre 30 y 60 minutos antes de que la cocción finalice.

cómo adaptar sus propias recetas

Si dispone de una receta favorita que desee preparar en su olla eléctrica de cocción lenta, lea una receta similar de este libro para tener una idea de la cantidad que encajará en el recipiente extraíble de la olla de cocción lenta y de los tiempos de cocción apropiados para los ingredientes principales. Debido a que una olla eléctrica de cocción lenta cocina los alimentos de una forma lenta y homogénea, observará que deberá reducir la cantidad de líquido. Comience utilizando la mitad de la cantidad del líquido caliente, y vaya añadiendo según vea necesario, empujando los alimentos por debajo de la superficie del líquido y aumentando la cantidad hasta cubrirlos. En las recetas que incluyen como ingredientes tomates frescos no tendrá que utilizar tanta cantidad de agua, dado que éstos se reducirán a la pulpa durante la cocción.

En la olla eléctrica de cocción lenta, el vapor se condensa en la tapa y vuelve al recipiente, por lo que no existe riesgo de que los platos se resequen.

> **consejo**
>
> Independientemente de que dore o no los ingredientes primero, asegúrese siempre de añadir líquido **caliente** al recipiente extraíble de la olla eléctrica de cocción lenta.

Si advierte que la cantidad de líquido ha reducido demasiado, agregue un poco más de agua o caldo hirviendo al final de la cocción para compensar.

Por lo general, se recomienda añadir la leche o la crema al final de la receta, a no ser que ésta emplee el recipiente extraíble de la olla a modo de baño María, en el que el agua caliente se vierte alrededor de un recipiente de cocción. El arroz con leche y las gachas de cereales constituyen una excepción a esta regla, para los que deberá emplear leche UHT o entera, en lugar de leche desnatada o semidesnatada. Para disponer de instrucciones más precisas, consulte las recetas de este libro.

Siempre que adapte una receta, recuerde:
• Los alimentos cocinados en una olla eléctrica de cocción lenta requieren un poco de líquido.
• Los alimentos no se dorarán durante la cocción, por lo que deberá freírlos antes de incorporarlos o dorar las superficies, pasando el recipiente extraíble de la olla de su caja protectora por el grill, antes de servirlos, o empleando un soplete de cocina.

cómo modificar las recetas para que se ajusten a un modelo diferente

Todas las recetas que se presentan en este libro se han elaborado en una olla eléctrica de cocción lenta de tamaño estándar con una capacidad total de 3,5 litros, pero es probable que disponga de una de mayor tamaño para seis raciones y con capacidad para 5 litros o de otra más pequeña para dos porciones y una capacidad de 1,5 litros, y para adaptar las recetas de este libro sencillamente tendrá que reducir a la mitad, para el caso de las dos raciones, o añadir la mitad por cada ración extra, manteniendo los mismos tiempos de cocción. Todas las recetas que se elaboran en fuentes de suflé o moldes individuales podrán también prepararse en una olla eléctrica de cocción lenta de mayor tamaño durante los mismos tiempos de cocción.

para congelar

La mayoría de las sopas y estofados que aparecen en este libro se pueden congelar; en el caso de que su familia no sea muy numerosa o de que viva solo, congelar raciones individuales para otra ocasión puede ahorrarle mucho tiempo. Al fin y al cabo, no es necesario realizar un gran esfuerzo para elaborar cuatro raciones de guiso, en lugar de solo una o dos.

---

consejo

A fin de que pueda extraer con facilidad un molde caliente, corte dos trozos grandes de papel de aluminio y dóblelos tres veces hasta conseguir dos tiras finas. Coloque una de las tiras encima de la otra formando una cruz y ponga el molde en el centro. Levante las tiras e introduzca el molde en el recipiente extraíble de la olla de cocción lenta. Como alternativa, podrá adquirir bolsas de hilo macramé para moldes, pero antes de comprar una deberá asegurarse de que pueda contener con holgura un molde con una capacidad de 1,25 litros.

Descongele las raciones dejándolas en el frigorífico durante toda la noche o a temperatura ambiente durante 4 horas, y, a continuación, recaliéntelas en la hornilla dentro de una cacerola o en el microondas a la máxima potencia.

Si emplea alimentos congelados crudos, asegúrese de descongelarlos por completo antes de añadirlos a la olla eléctrica de cocción lenta, aunque los guisantes y el maíz dulce constituyen una excepción a esta regla. Los alimentos crudos congelados que hayan sido descongelados y cocinados en una olla eléctrica de cocción lenta podrán volver a congelarse, una vez fríos.

cuidado de la olla eléctrica de cocción lenta

Un buen uso de la olla eléctrica de cocción lenta le garantiza una duración de al menos 20 años.

Debido a que la temperatura de una olla eléctrica de cocción lenta es tan controlable, no tendrá que enfrentarse a la suciedad del fondo de una cazuela, por lo que sólo deberá sacar el recipiente extraíble de la olla de su caja protectora, rellenarlo con agua caliente con jabón y dejarlo en remojo durante un rato. Aunque resulte tentador introducir el recipiente de la olla de cocción lenta y la tapa en el lavavajillas, le ocuparán demasiado espacio, además deberá comprobar primero en el manual si es apta para su limpieza en un lavavajillas, ya que no todas lo son.

Espere a que la olla se enfríe antes de limpiarla. Apague los controles y desenchúfela. Limpie el interior con un paño de cocina húmedo y elimine las manchas difíciles con un poco de limpiador en crema. **Nunca sumerja la máquina en agua para limpiarla.** Si guarda la olla eléctrica de cocción lenta en un armario de cocina, asegúrese de que esté completamente fría antes de introducirla.

desayunos y tentempiés

gachas con plátano y canela

4 raciones
tiempo de preparación
5 minutos
temperatura de cocción **baja**
tiempo de cocción **1-2 horas**

600 ml de **agua**
300 ml de **leche**
150 g de **copos de avena**
2 **plátanos**
4 cucharadas de **azúcar**
  mascabado claro u **oscuro**
¼ de cucharadita de **canela**
  molida

Precaliente la olla eléctrica de cocción lenta, en caso necesario; consulte las instrucciones del fabricante. Vierta el agua hirviendo y la leche en el recipiente extraíble de la olla e incorpore los copos, sin dejar de remover.

Coloque la tapa y cueza a temperatura baja durante 1 hora, si desea unas gachas «líquidas», o durante 2 horas, si las prefiere «espesas».

Distribuya en los cuencos con una cuchara, corte los plátanos en rodajas y repártalos entre los cuencos. Mezcle el azúcar con la canela y espolvoree la superficie.

Para preparar muesli caliente con especias, siga los pasos que se indican en la receta y añada 175 g de muesli al estilo suizo. Una vez cocido, incorpore, sin dejar de remover, ¼ de cucharadita de canela molida y cubra con 100 g de orejones de albaricoque, ya preparados y cortados en dados. Vierta por encima 2 cucharadas de miel antes de servir.

huevos en *cocotte* con salmón

4 raciones
tiempo de preparación
  10 minutos
temperatura de cocción **alta**
tiempo de cocción
  40-45 minutos

25 g de **mantequilla**
4 **huevos**
4 cucharadas de **crema de leche espesa**
2 cucharaditas de **cebollino** picado
1 cucharadita de **estragón** picado
200 g de **salmón ahumado**, en lonchas
sal y **pimienta**
4 **cuñas de limón**, para decorar
4 rebanadas de **pan tostado**, para servir

Precaliente la olla eléctrica de cocción lenta, en caso necesario; consulte las instrucciones del fabricante. Engrase generosamente con mantequilla el interior de 4 cuencos chinos individuales resistentes al calor, de 150 ml cada uno, y casque un huevo en cada uno de ellos.

Vierta la crema de leche sobre los huevos y espolvoree las hierbas aromáticas y un poco de sal y pimienta. Pase los cuencos al recipiente extraíble de la olla y vierta agua hirviendo hasta cubrir la mitad de la altura de los cuencos.

Coloque la tapa (no es necesario cubrir los cuencos con papel de aluminio) y cueza a temperatura alta de 40 a 45 minutos, o hasta que las claras de huevo hayan cuajado y las yemas estén ligeramente líquidas.

Saque cuidadosamente los cuencos del recipiente extraíble de la olla con la ayuda de un paño de cocina; páselos a platos y sírvalos acompañados de salmón ahumado, las cuñas de limón y triángulos de pan tostado.

Para preparar huevos *en cocotte* con especias, casque los huevos en los cuencos engrasados con mantequilla y agregue sobre cada uno 1 cucharada de crema de leche espesa, unas cuantas gotas de salsa Tabasco y un poco de sal y pimienta. Espolvoree los cuencos con 3 cucharaditas de cilantro muy picado y cueza como se indica en la receta. Sírvalos con pan tostado y lonchas finas de ternera ahumada con especias (*pastrami*).

judías en salsa de tomate con salchichas de Frankfurt

4 raciones
tiempo de preparación
15 minutos
temperatura de cocción **baja**
tiempo de cocción **9-10 horas**

1 cucharada de **aceite de girasol**
1 **cebolla** picada
½ cucharadita de **pimentón dulce ahumado**
2 latas de **judías en salsa de tomate** de 410 g cada una
2 cucharaditas de **mostaza de grano entero**
2 cucharadas de **salsa Worcestershire**
6 cucharadas de **caldo vegetal**
2 **tomates**, ligeramente picados
½ **pimiento rojo**, sin el corazón ni las semillas y cortado en dados
350 g de **salchichas de Frankfurt** refrigeradas, cortadas en rodajas gruesas
sal y **pimienta**
pan tostado con mantequilla, para servir

Precaliente la olla eléctrica de cocción lenta, en caso necesario; consulte las instrucciones del fabricante. Caliente el aceite en una sartén; agregue la cebolla y fría, sin dejar de remover, durante 5 minutos, o hasta que se ablande y comience a dorarse.

Incorpore el pimentón dulce ahumado, sin dejar de remover; cueza durante 1 minuto y, a continuación, agregue las judías, la mostaza, la salsa Worcestershire y el caldo. Llévelo a ebullición y añada, siempre removiendo, los tomates, el pimiento rojo y un poco de sal y pimienta.

Agregue las salchichas de Frankfurt al recipiente extraíble de la olla y vierta sobre ellas la mezcla de las judías en salsa de tomate. Coloque la tapa y cueza a temperatura baja durante 9 o 10 horas o durante toda la noche.

Remueva bien; distribúyalos con una cuchara en cuencos poco profundos y sírvalos acompañados de pan tostado con mantequilla.

Para preparar judías en salsa de tomate con salchichas con guindilla, añada al pimentón dulce ahumado y a la cebolla frita ½ cucharadita de guindillas rojas secas y picadas, ¼ de cucharadita de semillas de comino, ligeramente majadas en un mortero, y una pizca de canela molida. Prescinda de la mostaza y la salsa Worcestershire, continúe como se indica en la receta y agregue las judías, el caldo, los tomates, el pimiento rojo y las salchichas de Frankfurt. Cueza a temperatura baja durante 9 o 10 horas.

desayuno de ciruelas pasas e higos a la vainilla

4 raciones
tiempo de preparación
  5 minutos
temperatura de cocción **baja**
tiempo de cocción **8-10 horas**
  o toda la noche

1 **bolsita de té**
600 ml de **agua**
150 g de **ciruelas pasas**,
  sin hueso
150 g de **higos** secos
75 g de **azúcar blanquilla**
1 cucharadita de **extracto**
  de vainilla
la cáscara de ½ **naranja**

para **servir**
yogur natural
muesli

Precaliente la olla eléctrica de cocción lenta, en caso necesario; consulte las instrucciones del fabricante. Introduzca la bolsita de té en una jarra o tetera, añada el agua hirviendo y deje en infusión durante 2 o 3 minutos. Retire la bolsita y vierta el té en el recipiente extraíble de la olla.

Incorpore al té caliente las ciruelas y los higos enteros, el azúcar y el extracto de vainilla; espolvoree con la cáscara de naranja y mézclelo todo. Coloque la tapa y cueza a temperatura baja de 8 a 10 horas o durante toda la noche.

Sirva caliente con cucharadas de yogur natural y un poco de muesli.

Para preparar un desayuno de albaricoques a la naranja, incorpore al recipiente extraíble de la olla 300 g de orejones de albaricoque, 50 g de azúcar blanquilla, 300 ml de agua hirviendo y 150 ml de jugo de naranja. Tápelo y cueza como se indica en la receta.

desayuno al estilo bonanza

4 raciones

tiempo de preparación
  20 minutos
temperatura de cocción **baja**
tiempo de cocción **9-10 horas**
  o toda la noche

1 cucharada de **aceite de girasol**
12 **salchichas chipolata con hierbas**, aprox. 400 g en total
1 **cebolla**, troceada en rodajas finas
500 g de **patatas**, peladas y cortadas en pedazos de 2,5 cm
375 g de **tomates**, ligeramente picados
125 g de **morcilla**, troceada y sin piel
250 ml de **caldo vegetal**
2 cucharadas de **salsa Worcestershire**
1 cucharadita de **mostaza inglesa**
2-3 ramitas de **tomillo**, y un poco más para decorar
sal y **pimienta**

para **servir**
rebanadas de **pan blanco** (opcional)
4 **huevos** escalfados (opcional)

Precaliente la olla eléctrica de cocción lenta, en caso necesario; consulte las instrucciones del fabricante. Caliente el aceite en una sartén; incorpore las salchichas y dórelas por un lado, déles la vuelta y añada la cebolla. Fría, dándole la vuelta a las salchichas y removiendo la cebolla hasta que las salchichas se doren, sin estar cocinadas.

Incorpore al recipiente extraíble de la olla las patatas, los tomates y la morcilla. Saque las salchichas y la cebolla con una espumadera y póngalas en el recipiente de la olla. Retire la grasa sobrante y añada el caldo, la salsa Worcestershire y la mostaza. Parta las ramitas de tomillo y agréguelas al recipiente de la olla de cocción lenta con un poco de sal y pimienta.

Lleve a ebullición e incorpore las salchichas. Empuje las patatas hacia abajo para que el líquido las cubra. Coloque la tapa y cueza a temperatura baja durante 9 o 10 horas o toda la noche. Remueva antes de servir y decore con unas cuantas hojas de tomillo. Sírvalo acompañado de rebanadas de pan blanco o de un huevo escalfado.

Para preparar un desayuno vegetariano, fría en el aceite 400 g de salchichas vegetarianas, junto con la cebolla, como se indica en la receta. Añada las patatas y los tomates al recipiente extraíble de la olla junto con 125 g de champiñones botón cortados por la mitad, en lugar de la morcilla. Caliente el caldo junto con la mostaza y el tomillo e incorpore 1 cucharada de puré de tomate, en vez de la salsa Worcestershire. Salpimiente y, a continuación, vierta la mezcla por encima de las salchichas dentro del recipiente de la olla. Coloque la tapa y cueza como se indica en la receta.

sopa de judías pintas con especias cajún

6 raciones

tiempo de preparación
25 minutos, más una noche de remojo

temperatura de cocción **baja**

tiempo de cocción
**8 horas 30 minutos-
10 horas 30 minutos**

125 g de **judías pintas secas**, remojadas en agua fría durante toda la noche

2 cucharadas de **aceite de girasol**

1 **cebolla** grande, picada

1 **pimiento rojo**, sin el corazón ni las semillas y cortado en dados

1 **zanahoria**, cortada en dados

1 **patata para hornear**, cortada en dados

2-3 **dientes de ajo**, picados (opcional)

2 cucharaditas de una mezcla de **especias cajún** o ½-1 cucharadita de **guindilla en polvo**

400 g de **tomates triturados** en lata

1 cucharada de **azúcar moreno**

1 litro de **caldo vegetal** caliente

50 g de **quingombó**, en rodajas

50 g de **judías verdes**, cortadas en tiras finas

sal y **pimienta**

Precaliente la olla eléctrica de cocción lenta, en caso necesario; consulte las instrucciones del fabricante. Escurra y enjuague las judías en remojo; póngalas en una cacerola, cúbralas con agua fría y llévelas a ebullición. Hierva a fuego intenso durante 10 minutos y escúrralas en un colador.

Mientras tanto, caliente el aceite en una sartén grande; agregue la cebolla y fría, sin dejar de remover, durante 5 minutos, o hasta que se ablande. Añada el pimiento rojo, la zanahoria, la patata y el ajo (en caso de utilizarlo) y fría durante 2 o 3 minutos. Incorpore, removiendo continuamente, las especias cajún, los tomates, el azúcar y una cantidad generosa de sal y pimienta, y llévelo a ebullición.

Pase la mezcla al recipiente extraíble de la olla; agregue las judías escurridas y el caldo caliente y mézclelo todo bien. Coloque la tapa y cueza a temperatura baja de 8 a 10 horas.

Incorpore las judías verdes y el quingombó; retire la tapa y cueza durante 30 minutos. Reparta la sopa con un cucharón en cuencos y sírvala acompañada de pan crujiente, si lo desea.

Para preparar una sopa de judías pintas y pimentón dulce, elabore la sopa como se indica en la receta, pero añada 1 cucharadita de pimentón dulce ahumado, en lugar de las especias cajún. Cueza como se indica en la receta y prescinda de las judías verdes y el quingombó. Triture, vuelva a incorporarlo a la olla eléctrica de cocción lenta y cubra con un poco de agua hirviendo, si fuera necesario. Pásela a cuencos de sopa y corone con 2 cucharadas de crema agria y unas cuantas semillas de alcaravea, antes de servirla.

estofado de judías negras con guindillas

4-6 raciones

tiempo de preparación
30 minutos, más una noche
de remojo
temperatura de cocción **baja**
tiempo de cocción **8-10 horas**

250 g de **judías negras secas**,
remojadas en agua fría durante
toda la noche
2 cucharadas de **aceite de oliva**
1 **cebolla** grande, picada
2 **zanahorias**, cortadas en dados
2 **ramas de apio**, en rodajas
2-3 **dientes de ajo**, picados
1 cucharadita de **semillas
de hinojo**, majadas
1 cucharadita de **semillas
de comino**, majadas
2 cucharaditas de **semillas
de cilantro**, majadas
1 cucharadita de **guindilla
en polvo** o **pimentón
dulce ahumado**
400 g de **tomates triturados**
en lata
300 ml de **caldo vegetal**
1 cucharada de **azúcar moreno**
150 g de **crema agria** o **yogur
natural** (opcional)
sal y **pimienta**
arroz hervido o **pan** crujiente,
para servir

Precaliente la olla eléctrica de cocción lenta, en caso
necesario; consulte las instrucciones del fabricante.
Escurra y enjuague las judías en remojo; incorpórelas
a una cazuela, cúbralas con agua fría y llévelas a ebullición.
Hierva a fuego fuerte durante 10 minutos, y escúrralas
en un colador.

Mientras tanto, caliente el aceite en una cacerola; agregue la
cebolla y fría, sin dejar de remover, durante 5 minutos, o hasta
que se ablande. Añada las zanahorias, el apio y el ajo y fría
durante 2 o 3 minutos. Incorpore, removiendo continuamente,
a las hortalizas las semillas machacadas del hinojo, el comino
y el cilantro, junto con la guindilla en polvo, y cueza durante
1 minuto.

Agregue los tomates, el caldo, el azúcar y un poco de pimienta.
Llévelo a ebullición y viértalo en el recipiente extraíble de la
olla. Agregue las judías, sumergiéndolas en el líquido; coloque
la tapa y cueza a temperatura baja de 8 a 10 horas.

Sazone las judías cocidas con sal a su gusto. Corone con
cucharadas de crema agria o yogur y salsa de aguacate
(*véase* inferior) y sírvalo acompañado de arroz hervido
o pan crujiente.

Para preparar una salsa de aguacate como
acompañamiento del estofado, corte por la mitad
1 aguacate y quíteles el hueso y la piel. Corte en dados
la pulpa y añada el jugo y la ralladura de 1 lima. Mezcle
con ½ cebolla roja muy picada, 2 tomates en dados
y 2 cucharadas de hojas de cilantro picadas. Elabore
la salsa aproximadamente 10 minutos antes de servir
el estofado.

caldo con pollo y fideos

4 raciones
tiempo de preparación
   10 minutos
temperatura de cocción **alta**
tiempo de cocción
   **5 horas 20 minutos-
   7 horas 30 minutos**

1 carcasa de **pollo**
1 **cebolla**, cortada en cuñas
2 **zanahorias**, cortadas
   en rodajas
2 **tallos de apio**, cortados
1 *bouquet garni*
1,25 l de **agua** hirviendo
75 g de **pasta** *vermicelli*
4 cucharadas de **perejil**, picado
sal y **pimienta**

Precaliente la olla eléctrica de cocción lenta, en caso necesario; consulte las instrucciones del fabricante. Incorpore al recipiente extraíble de la olla la carcasa de pollo, cortada por la mitad, en caso de que fuera demasiado grande. Añada la cebolla, las zanahorias, el apio y el *bouquet garni*.

Vierta por encima el agua hirviendo; salpimiente, coloque la tapa y cueza a temperatura alta de 5 a 7 horas.

Cuele la sopa en un tamiz grande y, rápidamente, vuelva a verter la sopa caliente en el recipiente extraíble de la olla. Extraiga la carne de la carcasa y agréguela al recipiente de la olla. Pruebe y vuelva a sazonar a su gusto. Incorpore la pasta y cueza a temperatura alta de 20 a 30 minutos o hasta que la pasta esté cocida. Espolvoree con perejil y pásela con un cucharón a cuencos hondos. Si lo desea, sírvala acompañada de pan blanco.

Para preparar una sopa de guisantes a la menta con pollo, elabore la sopa como se indica en la receta; a continuación, cuélela y viértala en la olla eléctrica de cocción lenta. Añada 200 g de puerros cortados en rodajas finas, 375 g de guisantes congelados y una ramita de menta, coloque la tapa y cueza a temperatura alta durante 30 minutos. Triture con una licuadora de mano; incorpore, sin dejar de remover, 150 g de queso mascarpone y espere a que se funda. Sírvala en cuencos con la ayuda de un cucharón y esparza algunas hojas de menta, si lo desea.

timbales de salmón ahumado

4 raciones

tiempo de preparación
  30 minutos, más tiempo
  de refrigerado
temperatura de cocción **baja**
tiempo de cocción **3 horas-**
  3 horas 30 minutos
mantequilla, para engrasar
200 ml de **crema fresca entera**
4 **yemas de huevo**
la ralladura y el jugo de ½ **limón**
1 maceta pequeña de **albahaca**
100 g de **salmón ahumado**,
  en rodajas
sal y **pimienta**
cuñas de limón, para decorar

Precaliente la olla eléctrica de cocción lenta, en caso necesario; consulte las instrucciones del fabricante. Engrase con mantequilla 4 moldes metálicos individuales de 150 ml y forre las bases con papel sulfurizado.

Vierta la crema fresca en un cuenco y añada poco a poco, sin dejar de batir, las yemas de huevo . Agregue la ralladura y el jugo de limón y salpimiente. Pique la mitad de la albahaca y 75 g del salmón ahumado y, a continuación, incorpórelo a la mezcla de crema fresca.

Vierta la preparación en los moldes, e introdúzcalos en el recipiente extraíble de la olla. Vierta agua caliente alrededor de los moldes hasta alcanzar la mitad de su altura; coloque la tapa y cueza a temperatura baja de 3 horas a 3 horas 30 minutos.

Extraiga cuidadosamente los moldes de la olla eléctrica de cocción lenta con la ayuda de un trapo de cocina y espere a que se enfríen a temperatura ambiente. Refrigérelos durante al menos 4 horas o toda la noche.

Despegue los timbales de los moldes con la ayuda de un cuchillo humedecido en agua caliente y, a continuación, vuélquelos en platos para servir y retire los moldes. Alise los laterales con la hoja de un cuchillo y retire los forros de las bases. Cubra con el resto de salmón ahumado y las hojas de albahaca y decore con las cuñas de limón.

Para preparar timbales de caballa ahumada, prescinda de la albahaca y el salmón ahumado e incorpore, sin dejar de remover, 3 cucharadas de cebollinos recién picados, ½ cucharadita de rábano picante y 75 g de filetes de caballa ahumada cortada en tiras. Continúe como se indica en la receta y sírvalos acompañados de ensalada.

sopa de boniato al jengibre

6 raciones
tiempo de preparación
   30 minutos
temperatura de cocción **baja**
   y **alta**
tiempo de cocción
   6 horas 15 minutos-
   8 horas 15 minutos

1 cucharada de **aceite de oliva**
1 **cebolla**, picada
2 **dientes de ajo**, picados finos
1 cucharadita de **semillas**
   de hinojo, machacadas
1 trozo de **jengibre** de 4 cm,
   pelado y picado fino
900 ml de **caldo vegetal**
500 g de **boniatos**, cortados
   en dados
150 g de **lentejas rojas**
300 ml de **leche entera**
sal y **pimienta**
pan tipo chapata caliente,
   para servir

para **decorar**
2 cucharadas de **aceite de oliva**
1 **cebolla**, en rodajas finas
1 cucharadita de **semillas**
   de hinojo, machacadas
½ cucharadita de **comino**
   molido
¼ de cucharadita de **cúrcuma**
   molida
1 cucharadita de **azúcar**
   blanquilla

Precaliente la olla eléctrica de cocción lenta, en caso necesario; consulte las instrucciones del fabricante. Caliente el aceite en una sartén grande; agregue la cebolla y fría, sin dejar de remover, hasta que se dore ligeramente. Incorpore el ajo, las semillas de hinojo y el jengibre y cueza durante 2 minutos. Añada el caldo, la sal y la pimienta, y llévelo a ebullición.

Incorpore los boniatos y las lentejas al recipiente extraíble de la olla, vierta por encima la mezcla del caldo caliente, coloque la tapa y cueza a temperatura baja de 6 a 8 horas o hasta que los boniatos y las lentejas se ablanden.

Triture la sopa, por tandas si fuera necesario, y vuélvala a verter en la olla eléctrica de cocción lenta. Agregue la leche, sin dejar de remover, y cueza a temperatura alta durante 15 minutos.

Mientras tanto, prepare la decoración. Caliente el aceite en una sartén limpia; añada la cebolla y fría a fuego lento, removiendo de vez en cuando, durante 10 minutos o hasta que se ablande. Incorpore, sin dejar de remover, las especias y el azúcar; suba el fuego y fría durante 5 minutos más.

Pase la sopa a los cuencos con la ayuda de un cucharón y espolvoree por encima con las cebollas con especias. Sírvala acompañada de pan tipo chapata caliente.

Para preparar una sopa de zanahorias y lentejas rojas al curry, fría la cebolla y el ajo como se indica en la receta. Prescinda de las semillas y el jengibre y agregue 4 cucharaditas de pasta de curry tipo *balti*. Cueza durante 2 minutos y, añada el caldo vegetal y las lentejas, pero sustituya los boniatos por 500 g de zanahorias cortadas en dados. Continúe como se indica en la receta y sírvala acompañada de un poco de yogur, en lugar de con la mezcla de cebolla frita.

cazuela de beicon con manzana y patata

4 raciones
tiempo de preparación
20 minutos
temperatura de cocción **baja**
tiempo de cocción **9-10 horas**
o toda la noche

750 g de **patatas**, cortadas
en rodajas finas
25 g de **mantequilla**
1 cucharada de **aceite**
de girasol
2 **cebollas**, ligeramente picadas
250 g de **beicon de espalda**
ahumado, en dados
1 **manzana de postre**, sin
el corazón y cortada en rodajas
2 cucharadas de **harina**
450 ml de **caldo de pollo**
2 cucharaditas de **mostaza**
inglesa
2 hojas de **laurel**
50 g de **queso cheddar**, rallado
sal y **pimienta**

Precaliente la olla eléctrica de cocción lenta, en caso necesario; consulte las instrucciones del fabricante. Lleve a ebullición en una cacerola grande con agua las patatas; cueza durante 3 minutos y escúrralas.

Caliente la mantequilla y el aceite en una sartén, añada las cebollas y el beicon y fría, sin dejar de remover, durante 5 minutos o hasta que empiecen a dorarse. Incorpore, sin dejar de remover, la manzana y la harina y salpimiente.

Coloque capas alternas de patatas y de la mezcla de cebollas en el recipiente extraíble de la olla, y termine con una capa de patatas. Lleve a ebullición el caldo y la mostaza en la sartén y, a continuación, viértalo en el recipiente de la olla de cocción lenta y añada las hojas de laurel. Coloque la tapa y cueza a temperatura baja durante 9 o 10 horas.

Esparza por encima de las patatas junto con el queso, saque el recipiente extraíble de la caja protectora con la ayuda de unos guantes para hornear, dórelo al grill, si lo desea, y páselo con una cuchara a cuencos poco hondos. Sírvala acompañada de tomates asados, cortados por la mitad y espolvoreados con cebollinos picados, si lo desea.

Para preparar una cazuela de beicon y pollo a la sidra, escalfe las patatas como se indica en la receta; fría las cebollas con 125 g de beicon de espalda ahumado y 4 muslos de pollo deshuesados, sin piel y cortados en dados. Incorpore, sin dejar de remover, la manzana, la harina y los condimentos y colóquelo por capas en el recipiente extraíble de la olla junto con las patatas. Caliente 300 ml de caldo de pollo, 150 ml de sidra seca y la mostaza, y continúe como se indica en la receta. Sírvala como cena.

caldo verde

6 raciones

tiempo de preparación
   20 minutos
temperatura de cocción **baja**
   y **alta**
tiempo de cocción
   **6 horas 15 minutos-
   8 horas 20 minutos**

2 cucharadas de **aceite de oliva**
2 **cebollas**, picadas
2 **dientes de ajo**, picados finos
150 g de **chorizo**, sin trocear,
   pelado y cortado en dados
625 g o 3 **patatas de hornear**
   pequeñas, cortadas en dados
   de 1 cm
1 cucharadita de **pimentón
   dulce ahumado**
1,2 l de **caldo de pollo**
125 g de **repollo verde**,
   cortado en tiras muy finas
sal y **pimienta**

Precaliente la olla eléctrica de cocción lenta, en caso necesario; consulte las instrucciones del fabricante. Caliente el aceite en una sartén grande; agregue las cebollas y fría, sin dejar de remover, durante 5 minutos, o hasta que se doren ligeramente. Incorpore el ajo, el chorizo, las patatas y el pimentón dulce ahumado y cueza durante 2 minutos.

Pase la mezcla al recipiente extraíble de la olla, incorpore el caldo caliente y salpimiente a su gusto. Coloque la tapa y cueza a temperatura baja de 6 a 8 horas.

Añada el repollo, retire la tapa y cueza a temperatura alta de 15 a 20 minutos, o hasta que el repollo esté tierno. Pase el caldo a cuencos y sírvalo acompañado de pan crujiente y caliente, si lo desea.

Para preparar un caldo verde con calabaza, elabore la sopa como se indica en la receta, pero limite la cantidad de patatas para hornear a 375 g y añada 250 g de calabaza pelada, sin semillas y cortada en dados. Reduzca el caldo de pollo a 900 ml y agregue 400 g de tomates triturados de lata.

fondue de queso a la cerveza

4 raciones
tiempo de preparación
15 minutos
temperatura de cocción **alta**
tiempo de cocción
40-60 minutos

15 g de **mantequilla**
2 **escalonias** o ½ **cebolla
pequeña**, picadas finas
1 **diente de ajo**, picado fino
3 cucharaditas de **harina
de maíz**
200 ml de **cerveza rubia**
o tipo **lager**
200 g de **queso gruyer**,
(rallado y sin corteza)
175 g de **queso emmental**,
(rallado y sin corteza)
nuez moscada molida
sal y **pimienta**

para servir
½ **barra de pan francés** integral,
cortada en dados
2 **ramitas de apio**, cortadas
en pequeñas tiras a lo largo
8 **cebollas en vinagre**
pequeñas, escurridas
y cortadas por la mitad
1 manojo de **rábanos**,
sin los pedúnculos
1 **pimiento rojo**, sin el corazón
ni las semillas y cortado
en dados
2 **endivias**, separadas las hojas

Precaliente la olla eléctrica de cocción lenta, en caso
necesario; consulte las instrucciones del fabricante. Engrase
con mantequilla el interior del recipiente extraíble de la olla
y, a continuación, agregue las escalonias o la cebolla y el ajo.

Ponga la harina de maíz en un cuenco pequeño y mézclela
con un poco de la cerveza hasta obtener una pasta homogénea
y, a continuación, incorpore, sin dejar de batir, el resto de
la cerveza. Añada a la olla de cocción lenta los dos quesos,
un poco de nuez moscada y una pizca de sal y pimienta.

Mezcle, coloque la tapa y cueza a temperatura alta de
40 a 60 minutos, batiendo una vez durante la cocción.
Vuelva a batir y sírvala acompañada de las tiras de hortalizas
crudas, colocadas en una fuente para servir, y con tenedores
convencionales o pinchos de *fondue* para sumergir las
verduras crudas en la salsa.

Para preparar una *fondue* de queso clásica,
prescinda de la cerveza y añada 175 ml de vino blanco
seco y 1 cucharada de Kirsch. Cueza como se indica
en la receta y sírvala acompañada de pan para mojar.

sopa de chorizo y garbanzos con tropezones

4 raciones
tiempo de preparación
20 minutos
temperatura de cocción **baja**
tiempo de cocción **6-8 horas**

2 cucharadas de **aceite de oliva**
1 **cebolla**, picada
2 **dientes de ajo**, picados finos
150 g de **chorizo**, sin piel
  y troceado en dados
¾ de cucharadita de **pimentón
  dulce ahumado**
2-3 tallos de **tomillo**
1 l de **caldo de pollo**
1 cucharada de **puré de tomate**
375 g de **boniatos**, cortados
  en dados
410 g de **garbanzos** de lata,
  escurridos
sal y **pimienta**
hojas de **perejil** o más hojas de
  tomillo picadas, para decorar

Precaliente la olla eléctrica de cocción lenta, en caso necesario; consulte las instrucciones del fabricante. Caliente el aceite en una sartén; añada las cebolla y fríalas, sin dejar de remover, durante 5 minutos, o hasta que empiecen a dorarse.

Incorpore, sin dejar de remover, el ajo y el chorizo y cueza durante 2 minutos. Añada el pimentón dulce ahumado, el tomillo, el caldo y el puré de tomate; llévelo a ebullición, sin dejar de remover, y salpimiente.

Agregue al recipiente extraíble de la olla los boniatos y los garbanzos y vierta por encima la mezcla del caldo caliente. Coloque la tapa y cueza a temperatura baja de 6 a 8 horas, hasta que los boniatos estén tiernos.

Pase la sopa a los cuencos con la ayuda de un cucharón; espolvoree con un poco de perejil o tomillo picados y sírvala acompañada de pan pita, si lo desea.

Para preparar una sopa de chorizo, garbanzos y tomate, elabore la sopa como se indica en la receta, hasta el momento en el que se han añadido el pimentón dulce ahumado y el tomillo. Reduzca el caldo a 750 ml y añádalo a la sartén junto con el puré de tomate y 2 cucharaditas de azúcar moreno. Prescinda de los boniatos e incorpore al recipiente extraíble de la olla 500 g de tomates pelados y cortados en dados junto con los garbanzos. Vierta por encima la mezcla del caldo y continúe como se indica en la receta.

terrina de nueces y pato al brandy

6 raciones
tiempo de preparación
45 minutos, más tiempo
de refrigerado
temperatura de cocción **alta**
tiempo de cocción **5-6 horas**

175 g de lonchas de **panceta
ahumada** sin la corteza
1 cucharada de **aceite de oliva**
1 **cebolla**, picada
2 **costillas de cerdo**
deshuesadas,
aproximadamente 275 g
en total
2 **pechugas de pato**
deshuesadas,
aproximadamente 375 g
en total, sin la grasa
2 **dientes de ajo**, picados
3 cucharadas de **brandy**
75 g de **pan recién rallado**
50 g de **tomates secados al sol**
en aceite, escurridos y picados
3 **nueces en vinagre**, escurridas
y ligeramente picadas
1 **huevo**, batido
1 cucharada de **pimienta verde
en grano**, ligeramente majada
sal

Precaliente la olla eléctrica de cocción lenta, en caso necesario; consulte las instrucciones del fabricante. Coloque las lonchas de panceta sobre una tabla de cocina y estírelas con la hoja de un cuchillo grande hasta que doblen su tamaño. Forre con la panceta la base y los laterales de una fuente de suflé honda y resistente al calor de 15 cm de diámetro.

Caliente el aceite en una sartén; añada la cebolla y fríala, sin dejar de remover, durante 5 minutos. Pique o triture muy fino el cerdo y 1 de las pechugas de pato. Corte la otra pechuga en tiras largas y finas y resérvela. Incorpore a la sartén, sin dejar de remover, el ajo y la carne picada y cuézala durante 3 minutos. Añada el brandy y flambéelo.

Agregue el resto de los ingredientes, removiendo; mezcle bien y ponga la mitad de la preparación, ejerciendo presión, en la fuente forrada de panceta. Cubra con el pato troceado y, a continuación, añada el resto de la mezcla. Doble los extremos de la panceta por encima, añadiendo las lonchas sobrantes para tapar los huecos, y cubra con papel de aluminio.

Coloque la fuente sobre un plato colocado boca abajo en el interior del recipiente extraíble de la olla. Vierta agua hirviendo alrededor de la fuente hasta la mitad de su altura. Coloque la tapa y cueza a temperatura alta durante 5 o 6 horas.

Saque la fuente del recipiente extraíble con ayuda de un paño de cocina; colóquela sobre una fuente, sustituya el papel de aluminio por papel sulfurizado. Ponga pesas sobre la terrina colocada en un plato pequeño. Una vez fría, introdúzcala en el frigorífico y refrigere durante toda la noche.

Despegue los bordes de la terrina con un cuchillo, sáquela, córtela en rodajas finas y sírvala.

sopa de hinojo, naranja y zanahoria

4 raciones
tiempo de preparación
25 minutos
temperatura de cocción **baja**
tiempo de cocción
**6 horas 15 minutos-
8 horas 15 minutos**

25 g de **mantequilla**
1 cucharada de **aceite
de girasol**
1 **cebolla** grande, picada
1 cucharadita de **semillas
de hinojo**, ligeramente
machacadas
625 g de **zanahorias**, troceadas
en dados
la ralladura y el jugo de 1 **naranja**
1 l de **caldo vegetal**
sal y **pimienta**

para **servir**
8 cucharadas de **crema de leche**
espesa
1 puñado de picatostes

Precaliente la olla eléctrica de cocción lenta, en caso
necesario; consulte las instrucciones del fabricante. Caliente
la mantequilla y el aceite en una sartén; añada la cebolla
y fríala, sin dejar de remover, durante 5 minutos, o hasta
que empiece a dorarse.

Incorpore, sin dejar de remover, las semillas de hinojo y
cueza durante 1 minuto para que liberen el sabor. Agregue
las zanahorias, fría durante 2 minutos más y, a continuación,
agregue, sin dejar de remover, el jugo y la ralladura de la naranja.
Vierta la mezcla en el recipiente extraíble de la olla; lleve
el caldo a ebullición en la sartén, salpimente y póngalo
en el recipiente de la olla. Coloque la tapa y cueza a temperatura
baja de 6 a 8 horas, hasta que las zanahorias estén tiernas.

Viértalo en una licuadora y triture por tandas, si fuera necesario,
hasta obtener una mezcla homogénea; a continuación, vuélvala
a poner en el recipiente de la olla de cocción lenta. También
puede licuar la sopa en el interior de la olla con una batidora
de mano. En caso necesario, vuelva a calentarla dentro del
recipiente extraíble durante 15 minutos.

Pase la sopa a los cuencos con la ayuda de un cucharón
y sírvala aderezada con la crema de leche y los picatostes.

**Para preparar una sopa de zanahoria con especias
morunas**, elabore la sopa como se indica en la receta, pero
sustituya las semillas de hinojo por 1 cucharadita de semillas
de comino y 1 cucharadita de semillas de cilantro, ambas
machacadas, ½ cucharadita de pimentón dulce ahumado
y ½ cucharadita de cúrcuma. Prescinda de la ralladura y
el jugo de naranja y añada 150 ml de leche o una mezcla
de leche y crema de leche, antes de recalentarla.

carnes, aves de corral y caza

piernas de cordero con enebro

4 raciones
tiempo de preparación
15 minutos
temperatura de cocción **alta**
tiempo de cocción **5-7 horas**

25 g de **mantequilla**
4 **piernas de cordero**,
aproximadamente 1,5 kg
en total
2 **cebollas rojas** pequeñas,
troceadas en cuñas
2 cucharadas de **harina**
200 ml de **vino tinto**
450 ml de **caldo de cordero**
2 cucharaditas de **salsa
de arándanos** (opcional)
1 cucharada de **puré de tomate**
2 **hojas de laurel**
1 cucharadita de **bayas
de enebro**, ligeramente
majadas
1 trozo de **canela en rama**
pequeño, partido por la mitad
la corteza de una **naranja**
pequeña
sal y **pimienta**

para **servir**
puré de **boniatos**
judías verdes

Precaliente la olla eléctrica de cocción lenta, en caso
necesario; consulte las instrucciones del fabricante. Caliente
la mantequilla en una sartén; añada las piernas de cordero
y fríalas a fuego medio, dándoles la vuelta hasta que se
doren completamente. Escúrralas y póngalas en el recipiente
extraíble de la olla.

Añada las cebollas a la sartén y fría durante 4 o 5 minutos,
o hasta que comiencen a dorarse. Incorpore, sin dejar de
remover, la harina. Agregue, poco a poco, el vino y el caldo
y, a continuación, la salsa de arándanos (en caso de utilizarla),
junto con el resto de los ingredientes, y llévelo a ebullición,
sin dejar de remover.

Pase al recipiente de la olla, coloque la tapa y cueza a
temperatura alta de 5 a 7 horas, o hasta que el cordero
empiece a desprenderse del hueso. Si prefiere una salsa
más espesa, viértala en una cacerola y llévela a ebullición
a fuego fuerte durante 5 minutos, o hasta que se haya
reducido en un tercio. Sirva las piernas acompañadas
del puré de boniatos y las judías verdes.

Para preparar piernas de cordero al limón, fría
las piernas de cordero como se indica en la receta
y, a continuación, 2 cebollas blancas cortadas en rodajas.
Mézclalas con la harina y agregue 200 ml de vino blanco
seco, el caldo de cordero, 4 cucharaditas de semillas
de cilantro ligeramente majadas, las hojas de laurel,
la cáscara de 1 limón y 2 cucharaditas de miel. Sazone,
llévelo a ebullición, viértalo sobre el cordero y continúe
como se indica en la receta.

pollo al curry verde tailandés

4 raciones
tiempo de preparación
20 minutos
temperatura de cocción **alta**
y **baja**
tiempo de cocción
**8 horas 15 minutos-
10 horas 15 minutos**

1 cucharada de **aceite de girasol**
2 cucharadas de **pasta
de curry verde tailandés**
2 cucharaditas de **pasta
galanga**
2 **guindillas verdes** tailandesas,
sin semillas y en rodajas finas
1 **cebolla,** muy picada
8 **muslos de pollo,**
aproximadamente 1 kg
en total, deshuesados, sin piel
y troceados en dados
400 ml de **leche de coco**
150 ml de **caldo de pollo**
4 **hojas de lima** *kaffir* secas
2 cucharaditas de **azúcar
mascabado claro**
2 cucharaditas de **salsa
de pescado**
100 g de **guisantes dulces**
100 g de **judías verdes,**
cortadas por la mitad
1 puñado pequeño de **cilantro**

Precaliente la olla eléctrica de cocción lenta, en caso
necesario; consulte las instrucciones del fabricante. Caliente
el aceite en una sartén; añada las pastas de curry y de galanga
y las guindillas verdes y fría durante 1 minuto.

Incorpore, sin dejar de remover, la cebolla y el pollo y fría,
hasta que el pollo comience a dorarse. Vierta la leche de
coco y el caldo; agregue las hojas de lima, el azúcar y la salsa
de pescado y, a continuación, llévelo a ebullición, sin dejar de
remover.

Pase la mezcla al recipiente extraíble de la olla, coloque
la tapa y cueza a temperatura baja de 8 a10 horas, o hasta
que el pollo quede tierno.

Incorpore, sin dejar de remover, los guisantes y las judías
y cueza a temperatura alta durante 15 minutos, o hasta
que estén tiernos. Trocee las hojas de cilantro y espolvoréelas
por encima; a continuación, páselo a cuencos con un cucharón
y sírvalo acompañado de arroz.

Para preparar un pollo al curry rojo tailandés, elabore
el curry como se indica en la receta, pero prescinda
de la pasta de curry verde y las guindillas verdes y añada
2 cucharadas de pasta de curry rojo y 2 dientes de ajo
picados finos. Cueza de 8 a 10 horas como se indica
en la receta, pero sin añadir los guisantes ni las judías;
a continuación, páselo a unos cuencos con la ayuda
de un cucharón y espolvoree con algunas hojas de cilantro
cortadas.

cerdo a la naranja con anís estrellado

4 raciones
tiempo de preparación
20 minutos
temperatura de cocción **baja**
tiempo de cocción **8-10 horas**

1 cucharada de **aceite de girasol**
4 **filetes de paletilla** o **costillas de cerdo** deshuesadas, aproximadamente 700 g en total, cortadas en tres trozos
1 **cebolla**, picada
2 cucharadas de **harina**
450 ml de **caldo de pollo**
la corteza y el jugo de 1 **naranja**
3 cucharadas de **salsa de ciruela**
2 cucharadas de **salsa de soja**
3 piezas de **anís estrellado**
1 **guindilla roja** fresca o seca, partida por la mitad (opcional)
sal y **pimienta**
la ralladura de 1 **naranja**
puré de **patatas** con **verduras verdes** al vapor, para servir

Precaliente la olla eléctrica de cocción lenta, en caso necesario; consulte las instrucciones del fabricante. Caliente el aceite en una sartén; añada los trozos de cerdo y fría a fuego fuerte hasta que se doren por ambos lados. Retire el cerdo de la sartén con una espumadera y páselo a una fuente.

Agregue a la sartén la cebolla y fría, sin dejar de remover, durante 5 minutos, o hasta que se dore ligeramente. Incorpore, removiendo, la harina y, a continuación, el caldo, la corteza y el jugo de la naranja, las salsas de ciruela y de soja, el anís estrellado y la guindilla (en caso de utilizarla). Salpimiente y llévelo a ebullición, sin dejar de remover.

Pase el cerdo al recipiente extraíble de la olla y vierta por encima la salsa. Coloque la tapa y cueza a temperatura baja de 8 a 10 horas. Espolvoree con la ralladura de naranja y sírvalo acompañado de puré de patatas con verduras verdes al vapor.

Para preparar cerdo a la naranja con hojas de laurel, elabore el plato como se indica en la receta, pero sustituya las salsas de ciruela y de soja, el anís estrellado y la guindilla roja por 2 hojas de laurel, 2 cucharaditas de azúcar mascabado claro y 1 cucharada de vinagre balsámico.

pollo cremoso con estragón

4 raciones

tiempo de preparación
15 minutos
temperatura de cocción **alta**
tiempo de cocción **3-4 horas**

1 cucharada de **aceite de oliva**
15 g de **mantequilla**
4 **pechugas de pollo**,
  deshuesadas y sin piel,
  aproximadamente 650 g
  en total
200 g de **escalonias**, cortadas
  por la mitad
1 cucharada de **harina**
300 ml de **caldo de pollo**
4 cucharadas de **vermú seco**
2 ramitas de **estragón**,
  y un poco más para servir
3 cucharadas de **crema
  de leche espesa**
2 cucharadas de **cebollino**
  picado
sal y **pimienta**
puré de patatas ligeramente
  triturado con **guisantes**,
  para servir

Precaliente la olla eléctrica de cocción lenta, en caso
necesario; consulte las instrucciones del fabricante. Caliente
en una sartén el aceite y la mantequilla; añada el pollo y
fríalo a fuego fuerte hasta que se dore por ambos lados,
sin que se cocine por dentro. Escúrralo e incorpórelo
al recipiente extraíble de la olla formando una sola capa.

Agregue a la sartén las escalonias y fríalas, sin dejar
de remover, durante 4 o 5 minutos o hasta que empiecen
a dorarse. Incorpore, removiendo, la harina; a continuación,
vaya añadiendo de forma gradual el caldo y el vermú.
Agregue las ramitas de estragón, un poco de sal y pimienta
y llévelo a ebullición, sin dejar de remover.

Vierta la salsa por encima de las pechugas de pollo; coloque
la tapa y cueza a temperatura alta durante 3 o 4 horas, o hasta
que el pollo esté cocinado por dentro.

Incorpore la crema de leche a la salsa, sin dejar de remover,
y espolvoree el pollo con 1 cucharada de estragón picado y los
cebollinos. Sírvalo acompañado de puré de patata ligeramente
triturado con guisantes.

Para preparar pollo cremoso al pesto, elabore el plato
como se indica en la receta, pero sustituya el vermú por
4 cucharadas de vino blanco y el estragón por 1 cucharada
de pesto. Espolvoree el pollo con algunas hojitas de albahaca
y un poco de queso parmesano rallado, en lugar de con el
cebollino. Sirva el pollo en lonchas, si lo desea, acompañado
de *penne* y aderezado con la salsa de crema de leche.

ternera con guindillas y nachos con queso

4 raciones
tiempo de preparación
20 minutos
temperatura de cocción **baja**
tiempo de cocción **8-10 horas**

1 cucharada de **aceite de girasol**
500 g de **ternera picada** magra
1 **cebolla**, picada
2 **dientes de ajo**, picados finos
1 cucharadita de **pimentón dulce ahumado**
½ cucharadita de **guindillas rojas secas** majadas
1 cucharadita de **comino molido**
1 cucharada de **harina**
400 g de **tomates triturados** de lata
410 g de **judías pintas** de lata escurridas
150 ml de **caldo de ternera**
1 cucharada de **azúcar mascabado oscuro**
sal y **pimienta**

para **decorar**
100 g de **nachos**
½ **pimiento rojo**, sin el corazón ni las semillas y troceado en dados
cilantro picado
100 g de **queso cheddar** curado, rallado

Precaliente la olla eléctrica de cocción lenta, en caso necesario; consulte las instrucciones del fabricante. Caliente el aceite en una sartén; añada la ternera picada y la cebolla y fríalas, sin dejar de remover, durante 5 minutos, separando la carne picada con una cuchara hasta que se dore.

Incorpore, sin dejar de remover, el ajo, el pimentón, las guindillas y el comino y fría durante 2 minutos. Agregue, removiendo, la harina; a continuación, añada los tomates, las judías pintas, el caldo y el azúcar; salpimiente y vierta la mezcla en el recipiente extraíble de la olla. Coloque la tapa y cueza a temperatura baja de 8 a 10 horas.

Agregue la guindilla, sin dejar de remover, y, coloque los nachos por encima. Espolvoree con el resto de los ingredientes; saque el recipiente extraíble de la caja protectora con la ayuda de unos guantes para el horno y páselo al grill fuerte hasta que el queso se funda. Pase el contenido a unos cuencos con un cucharón, antes de servir.

Para preparar fajitas de pavo con guacamole, elabore la receta como se indica, pero sustituya la ternera por 500 g de carne de pavo picada. Para servir, corte por la mitad, pele un aguacate y quítele el hueso; triture la pulpa junto con el jugo de 1 lima, un puñado pequeño de cilantro troceado y un poco de sal y pimienta. Con un cucharón, vierta la mezcla de pavo sobre 8 tortillas de harina de trigo de fuerza media, cubra con cucharadas de guacamole y 8 cucharadas de crema agria, si lo desea, y enróllelas antes de servirlas.

cerdo a la sidra con albóndigas guisadas con salvia

4 raciones
tiempo de preparación
25 minutos
temperatura de cocción **baja**
tiempo de cocción **9-11 horas**

1 cucharada de **aceite de girasol**
750 g de **filetes de paletilla de cerdo**, troceados en dados y sin la grasa
1 **puerro**, en rodajas muy finas, parte blanca y verde por separado
2 cucharadas de **harina**
300 ml de **sidra natural**
300 ml de **caldo de pollo**
200 g de **zanahorias**, cortadas en dados
1 **manzana de postre**, sin el corazón y troceada en dados
2-3 tallos de **salvia**
sal y **pimienta**

para las **albóndigas**
150 g de **harina con levadura**
75 g de **sebo vegetal**
1 cucharada de **salvia** picada
2 cucharadas de **perejil** picado
5-7 cucharadas de **agua**

Precaliente la olla eléctrica de cocción lenta, en caso necesario; consulte las instrucciones del fabricante. Caliente el aceite en una sartén; añada los pedazos de cerdo poco a poco, y fríalos a fuego fuerte hasta que se doren ligeramente. Sáquelos de la sartén con una espumadera y páselos al recipiente extraíble de la olla.

Agregue a la sartén las rodajas de la parte blanca del puerro; fríalas durante 2 o 3 minutos, o hasta que se ablanden. Incorpore, sin dejar de remover, la harina; a continuación, añada de forma gradual la sidra y el caldo. Agregue las zanahorias, la manzana, la salvia y un poco de sal y pimienta, y llévelo a ebullición. Vierta la mezcla en el recipiente de la olla de cocción lenta, coloque la tapa y cueza a temperatura baja de 8 a 10 horas.

Para preparar las albóndigas, ponga en un cuenco la harina, el sebo, las hierbas y un poco de sal y pimienta; incorpore bien y, a continuación, añada, de forma gradual y sin dejar de batir, el agua suficiente para obtener una masa homogénea que no se pegue en los dedos. Corte ésta en 12 trozos y forme bolas con las manos enharinadas. Incorpore al guiso de cerdo las rodajas de la parte verde del puerro y coloque las albóndigas por encima. Tape y cueza a temperatura baja durante 1 hora. Páselo con un cucharón a cuencos poco hondos para servirlo.

Para preparar cerdo a la cerveza con albóndigas guisadas con romero, elabore el guiso como se indica en la receta, y añada 300 ml de cerveza rubia o tipo lager, en lugar de la sidra, y 300 g de una mezcla de chirivías, zanahorias y nabos en dados, en lugar de las zanahorias y la manzana. Aromatice las albóndigas guisadas con 2 tallos de romero, en lugar de con la salvia.

pollo cachemir con mantequilla

4 raciones
tiempo de preparación **30 minutos**
temperatura de cocción **baja**
tiempo de cocción **5-7 horas**

2 **cebollas**, cortadas en cuatro
   trozos
3 **dientes de ajo**
1 trozo de **jengibre** de 4 cm,
   pelado
1 **guindilla roja** grande,
   sin semillas
8 **muslos de pollo**,
   deshuesados y sin piel
1 cucharada de **aceite de girasol**
25 g de **mantequilla**
1 cucharadita de **semillas
   de comino**, majadas
1 cucharadita de **semillas
   de hinojo**, majadas
4 **vainas de cardamomo**,
   majadas
1 cucharadita de **pimentón dulce**
1 cucharadita de **cúrcuma molida**
¼ de cucharadita de **canela
   molida**
300 ml de **caldo de pollo**
1 cucharada de **azúcar moreno**
2 cucharadas de **puré de tomate**
5 cucharadas de **crema de leche
   espesa**
sal

para **decorar**
almendras laminadas tostadas
ramitas de **cilantro**

Precaliente la olla eléctrica de cocción lenta, en caso necesario; consulte las instrucciones del fabricante. Triture bien las cebollas, el ajo, el jengibre y la guindilla en un robot de cocina.

Corte cada muslo de pollo en 4 trozos. Caliente el aceite en una sartén grande; agregue todo el pollo, poco a poco, y fría a fuego fuerte hasta que se dore. Escúrralo y páselo a una fuente.

Añada la mantequilla a la sartén. Cuando se haya derretido, añada la pasta de cebolla y fría a fuego más moderado hasta que tome color. Incorpore, sin dejar de remover, las semillas de comino y las de hinojo, las vainas de cardamomo y las especias molidas. Cueza durante 1 minuto; a continuación, agregue el cado, el azúcar, el puré de tomate y la sal, y llévelo a ebullición, sin dejar de remover.

Pase el pollo al recipiente extraíble de la olla; vierta la mezcla de cebolla y la salsa por encima y empuje la carne por debajo de la superficie del líquido. Coloque la tapa y cueza a temperatura baja de 5 a 7 horas.

Incorpore la crema de leche, decore con las almendras laminadas tostadas y las ramitas de cilantro y sírvalo con arroz hervido.

Para preparar panes planos con cilantro como acompañamiento del pollo, mezcle en un cuenco 200 g de harina con levadura, ½ cucharadita de levadura, 3 cucharadas de hojas de cilantro ligeramente picadas y un poco de sal. Añada 2 cucharadas de aceite de girasol; a continuación, incorpore gradualmente 6 o 7 cucharadas de agua para obtener una masa homogénea. Córtela en cuatro trozos y extiéndalos hasta formar finos óvalos sobre una superficie ligeramente enharinada. Cuézalos en una sartén tipo parrilla durante 3 o 4 minutos por cada lado.

pato rojo frito al estilo chino

4 raciones

tiempo de preparación
20 minutos

temperatura de cocción **alta**

tiempo de cocción **5-6 horas**

4 **muslos de pato**, de unos
200 g cada uno

1 **cebolla**, cortada en rodajas

2 cucharadas de **harina**

450 ml de **caldo de pollo**

2 cucharadas de **salsa de soja**

1 cucharada de **vinagre
de vino tinto**

1 cucharada de **miel clara**

2 cucharaditas de **puré
de tomate**

2 cucharaditas de **salsa
de pescado**

½ cucharadita de **guindillas
rojas secas** majadas

½ cucharadita de **pimienta
de Jamaica molida**

4 piezas de **anís estrellado**

375 g de **ciruelas rojas**, sin
hueso y cortadas en cuatro
trozos

arroz o **fideos al jengibre**,
para servir

Precaliente la olla eléctrica de cocción lenta, en caso necesario; consulte las instrucciones del fabricante. Fría sin aceite los muslos de pato en una sartén a fuego lento hasta que comiencen a liberar la grasa, y, a continuación, suba el fuego y dórelos por ambos lados. Saque los muslos con una espumadera y páselos al recipiente extraíble de la olla.

Elimine la grasa del pato de la sartén, a excepción de una cucharada; a continuación, añada la cebolla y fríala, sin dejar de remover, durante 5 minutos, o hasta que empiece a dorarse. Incorpore, removiendo, la harina y, a continuación, vaya vertiendo el caldo gradualmente. Agregue el resto de los ingredientes, a excepción de las ciruelas, y llévelo a ebullición, sin dejar de remover.

Vierta la salsa por encima del pato, añada las ciruelas y sumerja la carne en el líquido. Coloque la tapa y cueza a temperatura alta durante 5 o 6 horas, o hasta que el pato prácticamente se desprenda del hueso. Sírvalo acompañado de arroz o fideos al jengibre (*véase* inferior).

Para preparar fideos al jengibre como acompañamiento del pato, caliente en un wok 1 cucharada de aceite de sésamo; añada un trozo de 2,5 cm de jengibre fresco muy picado, 200 g de *pak choi* en tiras, 50 g de tirabeques cortados por la mitad y 3 paquetes de 150 g cada uno de fideos gruesos precocinados especiales para wok. Saltee durante 3-4 minutos o hasta que el *pak choi* quede escaldado justo al punto y los fideos estén calientes.

jamón cocido al horno con refresco de cola

4 raciones

tiempo de preparación
15 minutos

temperatura de cocción **alta**
tiempo de cocción **6-7 horas**

1,25 kg de **jamón ahumado**,
deshuesado y puesto en
remojo durante toda la noche
en agua fría

5 **clavos**

1 **cebolla**, cortada en 8 cuñas

2 **zanahorias**, troceadas
en rodajas gruesas

410 g de **judías negras** o **judías
pintas** de lata, escurridas

2 **hojas de laurel**

900 ml de **refresco de cola**

1 cucharada de **azúcar
mascabado oscuro**

1 cucharada de **puré de tomate**

2 cucharaditas de **mostaza
inglesa**

Precaliente la olla eléctrica de cocción lenta, en caso necesario; consulte las instrucciones del fabricante. Escurra el jamón y póngalo en el recipiente extraíble de la olla. Inserte los clavos en 5 de las cuñas de cebolla y añada al jamón el resto de las cuñas de cebolla y las rodajas de zanahoria. Agregue las judías escurridas y las hojas de laurel.

Vierta el refresco de cola en una cacerola; incorpore el azúcar, el puré de tomate y la mostaza y llévelo a ebullición, sin dejar de remover. Rocíe con ello el jamón, coloque la tapa y cueza a temperatura alta durante 6 o 7 horas.

Escurra el líquido de la cocción en una cacerola y hiérvalo a fuego fuerte durante 10 minutos para que se reduzca a la mitad. Mantenga calientes el jamón y las verduras en la olla eléctrica de cocción lenta apagada y con la tapa colocada.

Corte el jamón en lonchas finas y colóquelas en una fuente junto con las verduras, las judías y un chorrito de salsa. Sírvalo acompañado de patatas asadas y brécol, si lo desea.

Para preparar jamón ahumado con salsa de perejil, ponga en remojo el jamón como se indica en la receta y cueza en el recipiente extraíble de la olla, junto con los clavos, la cebolla, la zanahoria y las hojas de laurel, 900 ml de agua hirviendo, en lugar del refresco de cola. Prescinda de las judías y del resto de los ingredientes. Derrita 25 g de mantequilla en una cacerola para elaborar la salsa de perejil. Incorpore, sin dejar de remover, 25 g de harina; cueza durante 1 minuto y, a continuación, agregue 300 ml de leche. Llévelo a ebullición, removiendo, hasta obtener una salsa espesa y homogénea. Añada 1 cucharadita de mostaza inglesa, 3 cucharadas de perejil picado, sal y pimienta. Sírvalo con el jamón en rodajas y la cebolla y las zanahorias escurridas.

cordero al curry *rogan josh*

4 raciones
tiempo de preparación
15 minutos
temperatura de cocción **baja**
tiempo de cocción **8-10 horas**

25 g de **mantequilla**
750 g de **solomillo de cordero**, en filetes
2 **cebollas**, picadas
3 **dientes de ajo**, picados finos
1 trozo de 2,5 cm de **jengibre fresco**, pelado y picado fino
1 cucharadita de **cúrcuma molida**
2 cucharaditas de **cilantro molido**
2 cucharaditas de **semillas de comino**, ligeramente majadas
2 cucharaditas de *garam masala*
½ cucharadita de **guindillas rojas secas** majadas
2 cucharadas de **harina**
400 g de **tomates triturados** en lata
300 ml de **caldo de cordero**
4 cucharadas de **crema de leche espesa**

para **decorar**
1 puñado pequeño de **hojas de cilantro** troceadas
tiras de **cebolla roja**

Precaliente la olla eléctrica de cocción lenta, en caso necesario; consulte las instrucciones del fabricante. Caliente la mantequilla en una sartén; vaya añadiendo los pedazos de cordero poco a poco y, a continuación, fríalos, sin dejar de remover, a fuego fuerte hasta que se doren. Saque el cordero con una espumadera e incorpórelo al recipiente extraíble de la olla.

Agregue a la sartén las cebollas y fríalas, sin dejar de remover, durante 5 minutos, o hasta que se ablanden y comiencen a dorarse. Incorpore, removiendo, el ajo, el jengibre, las especias y las guindillas secas y cueza durante 1 minuto. Agregue la harina y, a continuación, los tomates y el caldo, y llévelo a ebullición, sin dejar de remover.

Vierta la mezcla de tomate por encima del cordero; coloque la tapa y cueza a temperatura baja de 8 a 10 horas, o hasta que el cordero esté tierno. Incorpore, sin dejar de remover, la crema de leche; decore con las hojas de cilantro y sírvalo acompañado de arroz *pilau* (*véase* inferior) y pan plano indio.

Para preparar arroz *pilau* como acompañamiento del curry, enjuague varias veces en un colador 225 g de arroz basmati; escúrralo y, a continuación, póngalo en remojo en agua fría durante 15 minutos. Caliente 15 g de mantequilla en una cacerola, añada 1 cebolla picada fina y fríala durante 3 minutos. Agregue 5 vainas de cardamomo ligeramente majadas, 5 clavos, ½ trozo de canela en rama, ½ cucharadita de cúrcuma molida y ½ cucharadita de sal. Cueza durante 1 minuto, escurra el arroz, añádalo a la sartén y cocine durante 1 minuto más. Vierta 475 ml de agua caliente, vuelva a llevarlo a ebullición, tápelo y hierva a fuego lento durante 10 minutos. Retire la cacerola del fuego y sin quitar la tapa, deje que repose de 8 a 10 minutos. Ahuéquelo con un tenedor antes de servirlo.

estofado de ternera
con albóndigas guisadas

4 raciones

tiempo de preparación
35 minutos

temperatura de cocción **baja**
y **alta**

tiempo de cocción **8 horas-
10 horas 30 minutos**

2 cucharadas de **aceite de oliva**

750 g de **ternera para guisar**,
en dados y sin grasa

1 **cebolla** grande, picada

2-3 **dientes de ajo**, picados

2 cucharadas de **harina**

300 ml de **vino tinto**

300 ml de **caldo de ternera**

1 cucharada de **puré de tomate**

2 **hojas de laurel**

150 g de **zanahorias** baby,
las más grandes cortadas
por la mitad

250 g de **puerros**, sin la parte
verde, lavados y troceados
en rodajas finas

sal y **pimienta**

para las **albóndigas con rábano
picante**

150 g de **harina bizcochona**

75 g de **tiras de sebo**

2 cucharaditas de **crema
de rábano picante**

3 cucharadas de **cebollino**
cortado con tijera

5-7 cucharadas de **agua**

sal y **pimienta**

Precaliente la olla eléctrica de cocción lenta, en caso necesario; consulte las instrucciones del fabricante. Caliente el aceite en una sartén; añada los dados de ternera, fríalos a fuego fuerte hasta que empiecen a dorarse, agregue la cebolla y fríala 5 minutos.

Incorpore, sin dejar de remover, el ajo y la harina y, añada gradualmente el vino y el caldo. Vierta el puré de tomate y las hojas de laurel y salpimente. Llévelo a ebullición; a continuación, pase la mezcla al recipiente extraíble de la olla, coloque la tapa y cueza a temperatura baja de 7 a 9 horas.

Remueva el estofado y añada las zanahorias, retire la tapa y cueza a temperatura alta de 30 a 45 minutos.

Mientras tanto, elabore las albóndigas. Ponga en un cuenco la harina, el sebo, el rábano picante, el cebollino y sal y pimienta. Incorpore el agua suficiente para obtener una masa homogénea que no se pegue en los dedos y forme 8 bolas con las manos previamente enharinadas.

Añada los puerros al estofado, sin dejar de remover, y, a continuación, incorpore las albóndigas; retire la tapa y cueza de 30 a 45 minutos más a temperatura alta, o hasta que las albóndigas queden ligeras y esponjosas. Páselo con un cucharón a platos llanos; sírvalo, y no olvide retirar las hojas de laurel.

Para preparar estofado de ternera a la cerveza Guinness con albóndigas guisadas con mostaza, elabore el estofado como se indica en la receta, pero sustituya el vino tinto por 300 ml de cerveza Guinnes o negra. Corone con las albóndigas elaboradas con 3 cucharaditas de mostaza en grano, en lugar de con la crema de rábano picante y los cebollinos.

cerdo estofado a fuego lento con pisto

4 raciones

tiempo de preparación
20 minutos

temperatura de cocción **alta**

tiempo de cocción **7-9 horas**

1 cucharada de **aceite de oliva**
1 **cebolla**, picada
1 **pimiento rojo**, sin el corazón
ni las semillas y troceado
1 **pimiento amarillo**,
sin el corazón ni las semillas
y troceado
375 g de **calabacines**,
troceados
2 **dientes de ajo**, picados finos
400 g de **tomates triturados**
de lata
150 ml de **vino tinto**
o **caldo de pollo**
1 cucharada de **harina de maíz**
2-3 ramitas de **romero**, con las
hojas troceadas por separado
875 g de extremo grueso
de **panceta**, sin corteza
sal y **pimienta**
puré de **patatas**, para servir

Precaliente la olla eléctrica de cocción lenta, en caso
necesario; consulte las instrucciones del fabricante.
Caliente el aceite en una sartén; añada la cebolla y fríala,
sin dejar de remover, durante 5 minutos, o hasta que
comience a dorarse.

Agregue los pimientos, los calabacines y el ajo; fría durante
2 minutos y, a continuación, incorpore los tomates y el vino
o el caldo. Mezcle la harina de maíz con un poco de agua
hasta obtener una pasta homogénea; incorpórela a la sartén,
sin dejar de remover, junto con las hojas de romero y un
poco de sal y pimienta. Llévelo a ebullición, mientras remueve.

Vierta la mitad de la preparación en el recipiente extraíble de
la olla; agregue la panceta desenrollada y cubra con el resto
de la mezcla de hortalizas. Coloque la tapa y cueza a temperatura
alta de 7 a 9 horas, o hasta que la panceta de cerdo empiece
casi a desmenuzarse. Si prefiere las salsas espesas, sáquela
con un cucharón, pásela a una cacerola y llévela a ebullición
durante 5 minutos para que reduzca. Trocee la panceta
en 4 trozos y pásela con un cucharón a platos llanos; sírvala
acompañada del puré de patata y la salsa de tomate.

Para preparar pollo estofado con pisto, fría 4 muslos
y contramuslos de pollo en 1 cucharada de aceite de oliva
hasta que se doren por ambos lados. Escúrralos y páselos
al recipiente extraíble de la olla. Elabore el pisto como se
indica en la receta; viértalo con una cuchara sobre el pollo
y cueza a temperatura alta durante 5 o 6 horas.

pilaf de pollo con tomates secados al sol

4 raciones
tiempo de preparación
25 minutos
temperatura de cocción **alta**
tiempo de cocción **3-4 horas**

1 cucharada de **aceite de oliva**
4 **pechugas de pollo**,
deshuesadas y sin piel
1 **cebolla** grande, ligeramente
picada
2 **dientes de ajo**, picados
(opcional)
400 g de **tomates triturados**
de lata
50 g de **tomates secados
al sol** en aceite, escurridos
y cortados
2 cucharaditas de **pesto**
600 ml de **caldo de pollo**
150 g de **arroz integral
de cocción rápida**
50 g de **arroz salvaje**
sal y **pimienta**

para **servir**
ensalada de roqueta
aliño de **aceite de oliva** y **limón**

Precaliente la olla eléctrica de cocción lenta, en caso necesario; consulte las instrucciones del fabricante. Caliente el aceite en una sartén y fría las pechugas de pollo hasta que se doren sólo por un lado. Retírelas de la sartén con una espumadera y resérvelas en una fuente.

Fría en la sartén, sin dejar de remover, la cebolla y el ajo (en caso de utilizarlo) durante 5 minutos, o hasta que estén ligeramente dorados. Añada los tomates triturados, los tomates secados al sol y el pesto; salpimiente y llévelo a ebullición. Viértalo en el recipiente extraíble de la olla e incorpore el caldo.

Enjuague bien el arroz integral en un colador con agua del grifo; páselo al recipiente de la olla junto con el arroz salvaje. Coloque las pechugas de pollo encima del arroz, con la parte dorada mirando hacia arriba, y sumérjalas en el líquido para que no se resequen. Coloque la tapa y cueza a temperatura alta durante 3 o 4 horas o hasta que el pollo esté cocinado y el arroz tierno.

Páselo con un cucharón a platos de servir y sírvalo acompañado de una ensalada de roqueta aliñada con aceite de oliva y limón.

Para preparar *pilaf* de pollo con limón y pimiento rojo, dore 4 pechugas de pollo deshuesadas y sin piel como se indica en la receta y colóqueas en una fuente. Fría en una sartén 1 cebolla grande, ligeramente picada, y 1 pimiento rojo, sin el corazón ni las semillas y cortado en dados, hasta que empiecen a dorarse. Añada 400 g de tomates triturados en lata, 2 cucharadas de tomillo muy picado y la ralladura y el jugo de 1 limón. Llévelo a ebullición, agréguelo a la olla eléctrica de cocción lenta junto con 600 ml de caldo de pollo caliente, 150 g de arroz integral de cocción rápida y el pollo, y continúe como se indica en la receta.

musaka

4 raciones
tiempo de preparación
30 minutos
temperatura de cocción **baja**
tiempo de cocción
**8 horas 45 minutos-
11 horas 15 minutos**

4 cucharadas de **aceite de oliva**
1 **berenjena** grande, cortada
   en rodajas finas
500 g de **carne de cordero
   picada**
1 **cebolla**, picada
2 **dientes de ajo**, picados finos
1 cucharada de **harina**
400 g de **tomates triturados**
   de lata
200 ml de **caldo de cordero**
1 cucharadita de **canela molida**
½ cucharadita de **nuez
   moscada** rallada
1 cucharada de **puré de tomate**
sal y **pimienta**

para la **cobertura**
3 **huevos**
250 g de **yogur natural**
75 g de **queso feta**, rallado
una pizca de **nuez moscada**
   rallada

Precaliente la olla eléctrica de cocción lenta, en caso necesario; consulte las instrucciones del fabricante. Caliente la mitad del aceite en una sartén y fría las rodajas de berenjena por tandas, añadiendo aceite, hasta que estén fritas, blandas y doradas por ambos lados. Escúrralas y páselas a una fuente.

Añada a la sartén la carne de cordero picada y la cebolla y fría en seco, sin dejar de remover y separando la carne, hasta que se dore. Incorpore el ajo, la harina, los tomates, el caldo, las especias, el puré de tomate y un poco de sal y pimienta y llévelo a ebullición, sin dejar de remover.

Pase con una cuchara la mezcla del cordero al recipiente extraíble de la olla y coloque las rodajas de berenjena por capas. Ponga la tapa y cueza a temperatura baja de 8 a 10 horas.

Para preparar la cobertura de crema, mezcle los huevos, el yogur, el queso feta y la nuez moscada y viértalo con una cuchara por encima de la berenjena. Retire la tapa y cueza a temperatura baja de 45 minutos a 1 hora y 15 minutos, o hasta que haya cuajado. Saque el recipiente extraíble de la caja protectora con ayuda de unos guantes para el horno y dórelo en un grill. Sírvala acompañada de ensalada.

Para preparar un pastel de pastor al estilo griego, elabore la carne picada, cúbrala con las rodajas de berenjena fritas y cueza como se indica en la receta. En lugar de la cobertura de crema, cueza en agua hirviendo 750 g de patatas durante 15 minutos o hasta que se ablanden. Escúrralas y tritúrelas junto con 3 cucharadas de yogur griego y un poco de sal y pimienta. Saque el recipiente extraíble, vierta el puré de patatas sobre la berenjena, rocíe con 25 g de mantequilla y dórelo bajo el grill.

salchichas con salsa de cebolla

4 raciones
tiempo de preparación
15 minutos
temperatura de cocción **baja**
tiempo de cocción **6-8 horas**

1 cucharada de **aceite de girasol**
8 **salchichas** *gourmet*, como
las sicilianas o las de Toulouse
2 **cebollas rojas**, cortadas
por la mitad y en rodajas finas
2 cucharaditas de **azúcar
mascabado claro**
2 cucharadas de **harina**
450 ml de **caldo de ternera**
1 cucharada de **puré
de tomates secados
al sol** convencional
1 **hoja de laurel**
sal y **pimienta**

para **servir**
pudines de Yorkshire grandes
zanahorias al vapor
brécol al vapor

Precaliente la olla eléctrica de cocción lenta, en caso necesario; consulte las instrucciones del fabricante. Caliente el aceite en una sartén; añada las salchichas y fría a fuego fuerte durante 5 minutos, dándoles la vuelta hasta que se doren por todos los lados, pero sin que se cuezan por dentro. Escúrralas y páselas al recipiente extraíble de la olla.

Agregue a la sartén las cebollas y fría a fuego medio durante 5 minutos, o hasta que se ablanden. Ponga el azúcar y fría, sin dejar de remover, durante 5 minutos más, o hasta que las rodajas de cebolla queden caramelizadas por los bordes.

Incorpore, sin dejar de remover, la harina y, a continuación, vierta gradualmente el caldo. Añada el puré de tomate, la hoja de laurel y un poco de sal y pimienta y llévelo a ebullición, mientras remueve. Rocíe con la mezcla las salchichas, coloque la tapa y cueza a temperatura baja de 6 a 8 horas, o hasta que las salchichas estén tiernas.

Sirva con una cuchara en pudines de Yorkshire recalentados y listos para su consumo y acompáñelas con zanahorias y brécol cocinados al vapor o con puré de patata.

Para preparar salchichas con salsa de cebolla a la cerveza, fría 8 salchichas a las hierbas, en lugar de las *gourmet*, hasta que se doren. Escúrralas y, a continuación, fría 2 cebollas blancas cortadas en rodajas hasta que se ablanden y prescinda del azúcar. Incorpore, sin dejar de remover, la harina y 150 ml de cerveza negra y reduzca el caldo de ternera a 300 ml. Sustituya el puré de tomate por 1 cucharada de mostaza en grano y 2 cucharadas de salsa Worcestershire. Sazone, llévelo a ebullición y cueza en la olla eléctrica de cocción lenta de 6 a 8 horas.

faisán con panceta

4 raciones

tiempo de preparación
35 minutos

temperatura de cocción **baja**

tiempo de cocción
2 horas 30 minutos-3 horas

4 **pechugas de faisán**,
aproximadamente 600 g
en total

un manojo pequeño de **salvia**

100 g de **panceta ahumada**,
en lonchas

25 g de **mantequilla**

200 g de **escalonias**, cortados
por la mitad, si son grandes

2 cucharadas de **harina**

150 ml de **sidra natural**

150 ml de **caldo de pollo**

1 cucharadita de **mostaza
de Dijon**

1 **manzana de postre**, sin el
corazón y cortada en rodajas

240 g de **castañas** peladas
y enteras en lata, escurridas

sal y **pimienta**

zanahorias mini al vapor,
para servir

Precaliente la olla eléctrica de cocción lenta, en caso necesario; consulte las instrucciones del fabricante. Enjuague las pechugas de faisán en agua fría, séquelas dando golpecitos con papel de cocina y salpiméntelas. Cubra cada pechuga con unas cuantas hojas de salvia y, a continuación, envuélvalas en las lonchas de panceta hasta cubrirlas por completo. Átelas con una cuerda fina para sujetar bien la panceta.

Caliente la mantequilla en una sartén; añada las escalonias y fríalas durante 4 o 5 minutos, o hasta que se doren. Incorpore, sin dejar de remover, la harina y la sidra, el caldo y la mostaza. Agregue la manzana, las castañas y un poco más de sal y pimienta, y llévelo a ebullición, sin dejar de remover.

Ponga las pechugas de faisán en el recipiente extraíble de la olla. Vierta por encima la mezcla de la cebolla caliente; coloque la tapa y cueza a temperatura baja durante 2 horas 30 minutos a 3 horas, o hasta que el faisán esté tierno y cocido por dentro. Páselo a platos con la ayuda de una cuchara, retire la cuerda del faisán y sírvalo con zanahorias baby.

Para preparar faisán con beicon y vino tinto, añada una hoja de salvia a cada pechuga de faisán y envuélvalas con una loncha estirada de beicon ahumado. Fríalas como se indica en la receta, junto con las escalonias, hasta que el beicon esté dorado. Incorpore, sin dejar de remover, la harina; a continuación, 150 ml de vino tinto, en lugar de la sidra, el caldo y la mostaza. Prescinda de la manzana y, en su lugar, agregue 8 ciruelas pasas listas para su consumo y cortadas por la mitad junto con las castañas y cueza como se indica en la receta.

pollo agridulce

4 raciones

tiempo de preparación
20 minutos

temperatura de cocción **baja**

tiempo de cocción
**6 horas 15 minutos-
8 horas 15 minutos**

1 cucharada de **aceite de girasol**

8 **muslos de pollo** pequeños,
aproximadamente 1 kg en
total, deshuesados, sin piel
y troceados en dados

4 **cebolletas**, cortadas en rodajas
gruesas, con las partes verdes
y las blancas por separado

2 **zanahorias**, cortadas por
la mitad a lo largo y troceadas
en rodajas finas

1 trozo de 2,5 cm, de **jengibre
fresco**, pelado y picado fino

430 g de **piña troceada** en lata,
en su jugo natural

300 ml de **caldo de pollo**

1 cucharada de **harina de maíz**

1 cucharada de **puré de tomate**

2 cucharadas de **azúcar
blanquilla**

2 cucharadas de **salsa de soja**

2 cucharadas de **vinagre
de malta**

225 g de **brotes de bambú**
de lata, escurridos

125 g de **brotes de soja**

100 g de **tirabeques**, en trozos
pequeños

arroz, para servir

Precaliente la olla eléctrica de cocción lenta, en caso necesario;
consulte las instrucciones del fabricante. Caliente el aceite
en una sartén; añada los muslos de pollo y fríalos, sin dejar de
remover, hasta que se doren de forma uniforme. Agregue las
rodajas de las partes blancas de las cebolletas, las zanahorias
y el jengibre y fría durante 2 minutos.

Incorpore, removiendo, los trozos de piña con su jugo
y el caldo. Ponga en un cuenco pequeño la harina de maíz,
el puré de patata y el azúcar y agregue gradualmente la
salsa de soja y el vinagre hasta obtener una pasta homogénea.
Viértala a la sartén y llévelo a ebullición, sin dejar de remover.

Ponga el pollo y la salsa en el recipiente extraíble de
la olla. Agregue los brotes de bambú y sumerja el pollo
bajo la superficie de la salsa. Coloque la tapa y cueza
a temperatura baja durante 6-8 horas.

Agregue al recipiente de la olla, cuando esté casi listo
para servir, la cebolleta, los brotes de soja y los tirabeques,
y mezcle bien. Retire la tapa y cueza a temperatura baja
durante 15 minutos, o hasta que las verduras comiencen
a estar tiernas. Sírvalo en cuencos con arroz con la ayuda
de una cuchara.

Para preparar pollo al limón, siga los pasos que se indican
en la receta hasta el momento de añadir el caldo de pollo.
Gradualmente, mezcle el jugo de 1 limón con la harina
de maíz hasta obtener una pasta homogénea e incorpore,
sin dejar de remover, el caldo junto con 2 cucharadas de jerez
seco y 4 cucharaditas de azúcar blanquilla. Llévelo a ebullición
mientras remueve; páselo al recipiente extraíble de la olla,
cueza como se indica en la receta y, finalmente, añada la parte
verde de las cebolletas, los brotes de soja y los tirabeques.

albóndigas con especias y salsa de eneldo

4 raciones
tiempo de preparación
25 minutos
temperatura de cocción **baja**
tiempo de cocción **6-8 horas**

1 **cebolla**, cortada en 4 trozos
50 g de **pan**
250 g de **carne de cerdo picada fina**
250 g de **carne de ternera picada fina**
1 cucharadita de una **mezcla de especias molidas**
1 **yema de huevo**
1 cucharada de **aceite de girasol**
sal y **pimienta**
puré de **patatas**, para servir

para la **salsa**
15 g de **mantequilla**
1 **cebolla**, cortada en rodajas
2 cucharadas de **harina**
600 ml de **caldo de pollo**
4 cucharaditas de **eneldo** picado, y un poco más para decorar

Precaliente la olla eléctrica de cocción lenta, en caso necesario; consulte las instrucciones del fabricante. Triture muy finos el pan y la cebolla en un robot de cocina o en una licuadora. Incorpore las carnes picadas, la mezcla de especias, la yema de huevo y un poco de sal y pimienta.

Divida la mezcla de carne en 24 porciones y forme bolas con las manos húmedas. Caliente el aceite en una sartén; añada las albóndigas y fríalas a fuego medio, hasta que estén doradas, pero sin que se cuezan por dentro. Escúrralas y páselas al recipiente extraíble de la olla.

Para preparar la salsa, añada la mantequilla y la cebolla a una sartén limpia, y fría durante 5 minutos o hasta que la cebolla se haya ablandado y empiece a dorarse. Incorpore, sin dejar de remover, la harina y, a continuación, agregue gradualmente el caldo y llévelo a ebullición. Sazone, vierta la salsa sobre las albóndigas, coloque la tapa y cueza a temperatura baja de 6 a 8 horas.

Añada a la salsa, sin dejar de remover, el eneldo picado y sirva las albóndigas acompañadas de puré de patata espolvoreado con un poco de eneldo picado como decoración.

Para preparar albóndigas en salsa de tomate,

elabore las albóndigas como se indica en la receta, pero prescinda de la mezcla de especias. Para preparar la salsa, fría 1 cebolla picada en 1 cucharada de aceite de oliva. Añada 2 dientes de ajo picados finos, 400 g de tomates triturados de lata, 1 cucharadita de azúcar blanquilla, 150 ml de caldo de pollo, sal y pimienta. Llévelo a ebullición, viértalo sobre las albóndigas y cueza como se indica en la receta. Decore con albahaca y sirva una guarnición de pasta.

venado a la pimienta con *scones*

4 raciones
tiempo de preparación
35 minutos
temperatura de cocción **baja**
y **alta**
tiempo de cocción
8 horas 45 minutos-11 horas

25 g de **mantequilla**
1 cucharada de **aceite de oliva**
750 g de **paletilla de venado**,
troceada en dados
1 **cebolla roja** grande, cortada
en rodajas
125 g de **champiñones**,
cortados en rodajas
2 **dientes de ajo**, picados
2 cucharadas de **harina**
200 ml de **vino tinto**
250 ml de **caldo de pollo**
2 cucharaditas de **puré
de tomate**
2 cucharadas de **gelatina
de grosella roja**
1 cucharadita de **pimienta
en grano**, majada ligeramente
sal

para los *scones*
250 g de **harina con levadura**
40 g de **mantequilla**, en dados
125 g de **queso gorgonzola**
3 cucharadas de **perejil**
o **cebollinos** picados
1 **huevo**, batido
4-5 cucharadas de **leche**

Precaliente la olla eléctrica de cocción lenta, en caso
necesario; consulte las instrucciones del fabricante.
Caliente el aceite y la mantequilla en una sartén grande;
agregue, poco a poco, toda la carne de venado cortada
en dados; a continuación, fríala hasta que se dore de
forma uniforme y pásela a una fuente.

Añada a la sartén la cebolla y fríala durante 5 minutos.
Incorpore, sin dejar de remover, los champiñones, el ajo
y la harina y cueza durante 1 minuto. Agregue el vino,
el caldo, el puré de tomate, la gelatina de grosella roja,
la pimienta en grano y la sal y llévelo a ebullición.

Coloque el venado en el recipiente extraíble de la olla;
incorpore la mezcla de vino caliente y sumerja la carne
en la salsa. Coloque la tapa y cueza a temperatura
baja durante 8 o 10 horas.

Elabore los *scones* cuando el venado esté casi listo para
servir. Ponga en un cuenco la harina, incorpore la mantequilla
y amase con las yemas de los dedos hasta que la preparación
se asemeje a las migas de pan. Incorpore, sin dejar de remover,
un poco de sal y pimienta, el queso y las hierbas. Reserve
1 cucharada de huevo para glasear y añada el resto. Vierta
la leche gradualmente hasta obtener una masa homogénea.

Amase ligeramente y forme un óvalo o círculo más pequeño
que la superficie de la olla. Córtelo en 8 cuñas y colóquelas,
dejando un poco de espacio entre ellas, por encima del venado.
Tape y cueza a temperatura alta de 45 minutos a 1 hora.

Saque el recipiente extraíble de la caja protectora con
ayuda de unos guantes para el horno, pinte los *scones*
con el huevo reservado y dórelos al grill.

costillas glaseadas con sirope de arce

4 raciones
tiempo de preparación
25 minutos
temperatura de cocción **alta**
tiempo de cocción **5-7 horas**

1,25 kg de **costillas de cerdo**,
enjuagadas en agua fría
y escurridas
1 **cebolla**, cortada en cuatro
trozos
1 **zanahoria**, cortada en rodajas
2 **hojas de laurel**
2 cucharadas de **vinagre
de malta**
1 cucharadita de **pimienta
negra en grano**
½ cucharadita de **sal**
1 l de **agua** hirviendo

para el **glaseado**
2 cucharaditas de **mostaza
inglesa**
1 cucharadita de **pimienta
de Jamaica molida**
2 cucharadas de **puré de tomate**
2 cucharadas de **azúcar moreno**
125 ml de **sirope de arce**

para la **ensalada de repollo**
2 **zanahorias**, ralladas
¼ de **repollo morado**, en tiras
3 **cebolletas**, cortadas en rodajas
100 g de **maíz dulce**
2 cucharadas de **mayonesa**
2 cucharadas de **yogur natural**

Precaliente la olla eléctrica de cocción lenta, en caso
necesario; consulte las instrucciones del fabricante. Ponga
en el recipiente extraíble de la olla el cerdo, la cebolla, la
zanahoria, las hojas de laurel, el vinagre, la pimienta en grano,
la sal y el agua; coloque la tapa y cueza a temperatura alta
de 5 a 7 horas, o hasta que las costillas estén tiernas.

Saque las costillas de la olla con una espumadera y
páselas a una fuente para grill forrada con papel de aluminio.
Mezcle los ingredientes del glaseado con 150 ml de caldo
caliente del recipiente de la olla; viértalo por encima de
las costillas y, a continuación, gratínelas de 10 a 15 minutos,
dándoles la vuelta una o dos veces, hasta que estén doradas
y pegajosas.

Mientras tanto, mezcle los ingredientes de la ensalada
de repollo y sírvala con una cuchara en 4 cuencos pequeños.
Colóquelos en platos y, a continuación, apile las costillas
sobre ellos, antes de servirlas.

Para preparar costillas al estilo chino, cueza las costillas
de cerdo en la olla eléctrica de cocción lenta como se
indica en la receta; escúrralas, páselas a una fuente de grill
forrada con papel de aluminio y, a continuación, glasee
con una mezcla de 2 cucharadas de puré de tomate,
2 cucharadas de salsa de soja, 4 cucharadas de salsa
hoisin, 2 cucharadas de azúcar mascabado claro,
el jugo de 1 naranja y 150 ml del caldo del recipiente
extraíble de la olla. Gratínelas de 10 a 15 minutos como
se indica en la receta.

tallarines boloñesa al estilo *gourmet*

4 raciones
tiempo de preparación
 20 minutos
temperatura de cocción **baja**
tiempo de cocción **8-10 horas**

1 cucharada de **aceite de oliva**
500 g de **carne de ternera picada**
1 **cebolla**, picada
225 g de **higadillos de pollo**, previamente descongelados si están congelados
2 **dientes de ajo**, picados finos
50 g de **panceta** o **beicon ahumado**, troceado en dados
150 g de **champiñones**, laminados
1 cucharada de **harina**
150 ml de **vino tinto**
150 ml de **caldo de ternera**
400 g de **tomates triturados** de lata
2 cucharadas de **puré de tomate**
1 *bouquet garni*
sal y **pimienta**
300 g de **tallarines**

para **servir**
virutas de **queso parmesano**
hojas de **albahaca**

Precaliente la olla eléctrica de cocción lenta, en caso necesario; consulte las instrucciones del fabricante. Caliente el aceite en una sartén; añada la carne picada y la cebolla y fríalas, sin dejar de remover y separando la carne con una cuchara, hasta que se dore de forma uniforme.

Mientras tanto, enjuague los higadillos de pollo en un colador; escúrralos, píquelos ligeramente, eliminando los nervios blancos, y agréguelos a la sartén junto con el ajo, la panceta o el beicon y los champiñones y cuézalo durante 2-3 minutos, o hasta que los higadillos se doren.

Incorpore, sin dejar de remover, la harina; a continuación, el vino, el caldo, los tomates, el puré de tomate, el *bouquet garni*, la sal y la pimienta. Llévelo a ebullición, mientras remueve; páselo con la ayuda de una cuchara al recipiente extraíble de la olla, coloque la tapa y cueza a temperatura baja de 8 a 10 horas.

Ponga los tallarines en una cacerola con agua hirviendo con sal, justo antes de servir, y cuézalos durante 8 minutos o hasta que estén tiernos. Escúrralos e incorpórelos, sin dejar de remover, a la salsa boloñesa. Sírvalos con la ayuda de una cuchara en cuencos poco hondos y espolvoree con virutas de queso parmesano y algunas hojas de albahaca.

Para preparar unos tallarines boloñesa económicos, prescinda de los higadillos de pollo y la panceta o el beicon y añada 1 zanahoria y 1 calabacín, ambos cortados en dados, junto con el ajo y los champiñones. Sustituya el vino por más caldo y continúe como se indica en la receta.

pollo asado con limón

4-5 raciones
tiempo de preparación
25 minutos
temperatura de cocción **alta**
tiempo de cocción **5-6 horas**

1 **pollo** entero de 1,5 kg
2 cucharadas de **aceite de oliva**
1 **cebolla** grande, troceada
en 6 cuñas
500 ml de **sidra natural**
3 cucharaditas de **mostaza
de Dijon**
2 cucharaditas de **azúcar
blanquilla**
900 ml de **caldo de pollo**
caliente
3 **zanahorias**, troceadas
3 **ramas de apio**, cortadas
en rodajas gruesas
1 **limón**, cortado en 6 cuñas
20 g de **estragón**
3 cucharadas de **crema fresca**
sal y **pimienta**

Precaliente la olla eléctrica de cocción lenta, en caso
necesario; consulte las instrucciones del fabricante. Lave
el pollo con agua fría y séquelo dándole golpecitos con
papel de cocina. Caliente el aceite en una sartén grande;
añada el pollo, con las pechugas mirando hacia abajo, y fríalo
durante 10 minutos, hasta que se dore de forma uniforme.

Ponga el pollo, con las pechugas mirando hacia abajo,
en el recipiente extraíble de la olla. Fría las cuñas de
cebolla en el aceite sobrante de la sartén hasta que se
doren ligeramente. Añada la sidra, la mostaza y el azúcar
y salpimiente. Llévelo a ebullición y, a continuación, viértalo
sobre el pollo. Agregue el caldo caliente y las verduras,
las cuñas del limón y 3 ramitas del estragón, asegurándose
de que el pollo y las verduras queden bien sumergidos
en el caldo a fin de que se cocinen uniformemente.

Coloque la tapa y cueza a temperatura alta durante 5 o 6 horas
o hasta que el pollo se cocine del todo y los jugos de la carne
salgan claros al pinchar con un cuchillo afilado las partes
más gruesas de los muslos y las pechugas. Si lo desea, dele
la vuelta al pollo después de 4 horas de cocción.

Saque el pollo del caldo, escúrralo bien y páselo a una
fuente de servir grande. Retire las verduras con una espumadera
y colóquelas alrededor del pollo. Ponga en una jarra 600 ml
del caldo caliente de la cocción. Reserve unas cuantas
ramitas de estragón para decorar; pique el resto e incorpórelo,
sin dejar de batir, a la jarra junto con la crema fresca para
elaborar una salsa. Rectifique la sal y la pimienta. Trinche el
pollo de la forma habitual y sírvalo con la salsa y las hortalizas.
Decore con el limón, si lo desea, y las ramitas de estragón.

cazuela de ternera y tubérculos

4 raciones
tiempo de preparación
25 minutos
temperatura de cocción **alta**
tiempo de cocción **7-8 horas**

1 cucharada de **aceite de girasol**
750 g de **ternera para estofar**,
   cortada en dados
1 **cebolla**, picada
2 cucharadas de **harina**
600 ml de **caldo de ternera**
2 cucharadas de **salsa**
   Worcestershire
1 cucharada de **puré de tomate**
2 cucharaditas de **mostaza**
   inglesa
3 ramitas de **romero**
125 g de **zanahorias**, en dados
125 g de **colinabos**, en dados
125 g de **chirivías**, en dados
700 g de **patatas**, en rodajas
   finas
25 g de **mantequilla**
sal y **pimienta**

Precaliente la olla eléctrica de cocción lenta, en caso necesario; consulte las instrucciones del fabricante. Caliente el aceite en una sartén, añada los trozos de ternera, poco a poco, y, a continuación, fríalos a fuego intenso, removiendo, hasta que se doren. Retire la ternera de la sartén con una espumadera y pásela al recipiente extraíble de la olla.

Agregue la cebolla y fríala, sin dejar de remover, durante 5 minutos, hasta que se ablande y comience a dorarse. Incorpore, mientras remueve, la harina y vierta el caldo gradualmente. Añada la salsa Worcestershire, el puré de tomate, la mostaza y las hojas de 2 ramitas del estragón; sazone y llévelo a ebullición, sin dejar de remover.

Ponga en el recipiente extraíble de la olla las hortalizas en dados; vierta las cebollas y la salsa y cubra con las rodajas de patata, de forma que queden superpuestas pero sumergidas en el caldo. Espolvoree el romero sobrante y un poco de sal y pimienta.

Coloque la tapa y cueza a temperatura alta durante 7 u 8 horas, hasta que las patatas estén tiernas. Saque el recipiente extraíble de la caja protectora con la ayuda de unos guantes para el horno; esparza las patatas y, si lo desea, gratínelas.

Para preparar una cazuela de pollo y morcilla, sustituya la ternera por 625 g de muslos de pollo deshuesados, sin piel y troceados en dados. Continúe como se indica en la receta y añada 100 g de morcilla en dados junto con los tubérculos. Cubra con las patatas y cueza como se ha mencionado.

cordero a la menta con cuscús

4 raciones
tiempo de preparación
  25 minutos
temperatura de cocción **alta**
tiempo de cocción **7-8 horas**

1 cucharada de **aceite de oliva**
½ **paletilla** de **cordero**,
  de 900 g-1 kg
1 **cebolla**, cortada en rodajas
2 **dientes de ajo**, picados finos
2 cucharadas de **harina**
3 cucharadas de **gelatina
  de menta**
150 ml de **vino tinto**
300 ml de **caldo de cordero**
sal y **pimienta**

para el **cuscús a las hierbas**
200 g de **cuscús**
150 g de **remolacha**, cocida,
  pelada y en dados
400 ml de **agua hirviendo**
la ralladura y el jugo de 1 **limón**
2 cucharadas de **aceite de oliva**
1 poco de **perejil**, picado fino
1 puñado de **menta**, picada fina

Precaliente la olla eléctrica de cocción lenta, en caso necesario; consulte las instrucciones del fabricante. Caliente el aceite en una sartén; añada el cordero y fríalo por ambos lados hasta que se dore. Retírelo con dos espumaderas y páselo al recipiente extraíble de la olla. Fría la cebolla, sin dejar de remover, durante 5 minutos, o hasta que se ablande y empiece a dorarse.

Incorpore, mientras remueve, el ajo y la harina. Añada la gelatina de menta y el vino y mezcle hasta obtener una preparación homogénea. Viértalo en el caldo, sazone y llévelo a ebullición, removiendo. Rocíe la salsa sobre el cordero, coloque la tapa y cueza a temperatura alta durante 7 u 8 horas.

Ponga en un cuenco el cuscús y la remolacha; vierta por encima el agua hirviendo y agregue la ralladura y el jugo del limón, el aceite y un poco de sal y pimienta. Cubra con un plato y deje que se aromatice durante 5 minutos.

Agregue las hierbas al cuscús; ahuéquelo con un tenedor y sírvalo en los platos con la ayuda de una cuchara. Pase el cordero a una fuente de servir y trínchelo en pedazos grandes, desechando el hueso. Repártalo entre los platos y sirva la salsa por separado en una jarra, para verterla por encima, según sea necesario.

Para preparar cordero estofado con miel y cilantro, fría la cebolla y el ajo como se indica en la receta y añada 1 cucharada de semillas de cilantro ligeramente majadas. Incorpore, sin dejar de remover, 1 cucharada de miel espesa, en lugar de la gelatina de menta, y 150 ml de vino blanco seco, en vez del tinto. Agregue el caldo de cordero, 1 hoja de laurel, sal y pimienta; llévelo a ebullición y añada el cordero dorado al recipiente extraíble de la olla. Coloque la tapa y cueza como se indica en la receta. Sírvalo acompañado de arroz y judías verdes.

pollo al curry *korma*

4 raciones
tiempo de preparación
20 minutos
temperatura de cocción **baja**
tiempo de cocción **6-8 horas**

2 cucharadas de **aceite de girasol**
8 **muslos de pollo**,
   aproximadamente 1 kg en
   total, deshuesados, sin piel
   y en dados
2 **cebollas,** picadas finas,
   y un poco más para decorar
1-2 **guindillas verdes**
   (dependiendo de su gusto)
   sin semillas y picadas finas
1 trozo de **jengibre fresco**, de
   2,5 cm, pelado y picado fino
5 cucharadas de **pasta
   de curry** *korma*
250 ml de **leche** o **crema de coco**
300 ml de **caldo de pollo**
2 cucharadas de **almendras
   molidas**
1 puñado de **cilantro**
200 g de **yogur natural**
2 **tomates**, troceados en dados
sal y **pimienta**
chapatis calientes, para servir

Precaliente la olla eléctrica de cocción lenta, en caso necesario; consulte las instrucciones del fabricante. Caliente el aceite en una sartén; añada los trozos de pollo, poco a poco, y fríalos, sin dejar de remover, hasta que se doren. Sáquelos de la sartén con una espumadera y páselos al recipiente extraíble de la olla.

Agregue a la sartén las cebollas, las guindillas verdes, el jengibre y la pasta de curry y fríalo, sin dejar de remover, durante 2 o 3 minutos. Vierta la leche o la crema de coco, el caldo y las almendras molidas. Trocee la mitad del cilantro, póngalo en la salsa junto con un poco de sal y pimienta, llévelo a ebullición, mientras remueve, y rocíe sobre el pollo con una cuchara.

Coloque la tapa y cueza a temperatura baja de 6 a 8 horas. Incorpore, sin dejar de remover, el *korma* y páselo a cuencos con un cucharón; corone con cucharadas de yogur, los tomates, un poco de cebolla cruda y el resto del cilantro troceado en pedazos pequeños. Sírvalo acompañado de *chapatis* calientes.

Para preparar pescado al curry *korma*, prescinda del pollo y fría las cebollas, las guindillas, el jengibre y la pasta de curry en el aceite como se indica en la receta. Incorpore la crema o la leche de coco, 300 ml de caldo de pescado, en lugar del caldo de pollo, las almendras molidas, el cilantro, sal y pimienta. Llévelo a ebullición y, a continuación, viértalo en el recipiente extraíble de la olla. Añada 2 lomos grandes de bacalao, aproximadamente 500 g en total, sumérjalos en la salsa y cueza a temperatura baja de 2 horas a 2 horas 15 minutos, o hasta que el pescado se desmenuce al presionarlo con un cuchillo.

pudín de filete y champiñones

4 raciones

tiempo de preparación
40 minutos

temperatura de cocción **alta**

tiempo de cocción **5-6 horas**

25 g de **mantequilla**, y un
poco más para engrasar

1 cucharada de **aceite de girasol**

2 **cebollas** grandes, ligeramente
picadas

2 cucharaditas de **azúcar
blanquilla**

100 g de **champiñones**,
laminados

1 cucharada de **harina**
o **harina con levadura**

150 ml de **caldo de ternera**
caliente

1 cucharadita de **mostaza
de Dijon**

1 cucharada de **salsa
Worcestershire**

700 g de **filetes de cadera**,
en rodajas muy finas
y sin la grasa

sal y **pimienta**

para la **masa**

300 g de **harina con levadura**

½ cucharadita de **sal**

150 g de **manteca**, troceada
en tiras

200 ml de **agua**

Precaliente la olla eléctrica de cocción lenta, en caso necesario. Caliente la mantequilla y el aceite en una sartén; añada las cebollas y fríalas durante 5 minutos. Espolvoree el azúcar y fría durante 5 minutos más. Agregue los champiñones, cuézalos de 2 a 3 minutos e incorpore la harina, sin dejar de remover.

Mezcle en una jarra el caldo, la mostaza, la salsa Worcestershire, la sal y la pimienta.

Para preparar la masa de manteca, ponga en un cuenco la harina, la sal y la manteca y mézclelo bien. Incorpore agua suficiente para obtener una masa que no se pegue en los dedos. Trabaje ligeramente y extiéndala sobre una superficie enharinada para formar un círculo de un diámetro de 33 cm. Corte un cuarto de la masa y resérvela.

Introduzca el resto de la masa en un molde de 1,5 litros, engrasado con mantequilla, y una los extremos.

Coloque por capas en el molde las cebollas fritas, los champiñones y los filetes, y rocíe con el caldo por encima. Dé golpecitos a la masa reservada para formar un círculo del mismo tamaño que el borde superior del molde. Doble los extremos superiores de la masa del molde sobre el relleno, pincele con un poco de agua y cubra con la masa.

Cubra el pudín con una hoja de papel de aluminio a modo de círculo, abombado, y átelo con una cuerda. Coloque el molde en el recipiente extraíble de la olla sobre un platillo colocado boca abajo. Vierta agua hirviendo hasta llegar a mitad de la altura del molde, coloque la tapa y cueza a temperatura alta durante 5 o 6 horas.

Extraiga el molde de la olla y retire el aluminio y la cuerda.

pastel al estilo ranchero

4 raciones
tiempo de preparación
   25 minutos
temperatura de cocción **baja**
tiempo de cocción **7-8 horas**

1 cucharada de **aceite de girasol**
500 g de **carne de ternera picada**
1 **cebolla**, picada
2 **dientes de ajo**, picados finos
1 cucharadita de **semillas de comino,** ligeramente machacadas
¼-½ cucharadita de **guindillas rojas secas** majadas
¼ de cucharadita de **pimienta de Jamaica** molida
2 tallos de **orégano**, ligeramente picados
3 cucharadas de **pasas**
400 g de **tomates triturados** de lata
250 ml de **caldo de ternera**
sal y **pimienta**

para la **cobertura**
500 g de **boniatos** en rodajas finas
25 g de **mantequilla**
unas cuantas **guindillas rojas secas** majadas

Precaliente la olla eléctrica de cocción lenta, en caso necesario; consulte las instrucciones del fabricante. Caliente el aceite en una sartén; añada la ternera y la cebolla y fríalas, sin dejar de remover y separando la carne con una cuchara de madera, hasta que se doren.

Incorpore, mientras remueve, el ajo, las especias, el orégano, las pasas, los tomates y el caldo. Añada un poco de sal y pimienta y llévelo a ebullición, sin dejar de remover. Páselo con la ayuda de una cuchara al recipiente extraíble de la olla, cubra con capas superpuestas de rodajas de boniato, distribuya la mantequilla y espolvoree con las guindillas secas y un poco de sal y pimienta.

Coloque la tapa y cueza a temperatura baja de 7 a 8 horas, hasta que la cobertura de boniatos esté tierna. Saque el recipiente extraíble de la caja protectora con la ayuda de unos guantes para el horno y gratine, si lo desea.

Para preparar un pastel al estilo vaquero, fría la carne picada y la cebolla como se indica en la receta, pero prescinda del ajo, las especias, el orégano, las pasas y los tomates; añada 2 cucharadas de salsa Worcestershire, 410 g de judías en salsa de tomate de lata, 1 hoja de laurel y 200 ml de caldo de ternera. Cueza la base de carne picada como se indica en la receta; cubra con 750 g de patatas, cocidas y trituradas con mantequilla, sal y pimienta. Espolvoree con 50 g de cheddar rallado y gratínelo.

pollo con arroz y guisantes al estilo caribeño

4 raciones
tiempo de preparación
20 minutos
temperatura de cocción **baja**
y **alta**
tiempo de cocción **7-9 horas**

8 **muslos de pollo**,
aproximadamente 1 kg en total
3 cucharadas de **marinado
en salsa** *jerk* (*véase* inferior)
2 cucharadas de **aceite de
girasol**
2 **cebollas** grandes, picadas
2 **dientes de ajo**, picados finos
400 ml de **leche de coco** de lata
300 ml de **caldo de pollo**
410 g de **judías pintas** de lata,
escurridas
200 g de **arroz largo** de cocción
rápida
125 g de **guisantes** congelados
sal y **pimienta**

para **decorar**
cuñas de **lima**
ramitas de **cilantro**

Precaliente la olla eléctrica de cocción lenta, en caso necesario; consulte las instrucciones del fabricante. Retire la piel a los muslos de pollo; realice 2 o 3 cortes en los muslos y restriéguelos con el marinado de salsa *jerk*.

Caliente 1 cucharada de aceite en una sartén grande; añada el pollo y fría a fuego fuerte hasta que se dore por ambos lados. Sáquelo con una espumadera y páselo a una fuente. Agregue el resto del aceite, las cebollas y el ajo, baje el fuego y fría durante 5 minutos, o hasta que se ablanden y se doren ligeramente. Vierta la leche de coco y el caldo, salpimiente y llévelo a ebullición.

Pase la mitad de la mezcla al recipiente extraíble de la olla; añada la mitad de los trozos de pollo, todas las judías y el resto del pollo, las cebollas y la preparación de coco. Coloque la tapa y cueza a temperatura baja de 6 a 8 horas.

Incorpore el arroz, retire la tapa y cueza a temperatura alta durante 45 minutos. Agregue los guisantes congelados y cueza durante 15 minutos más. Páselo con una cuchara a una fuente y sírvalo decorado con cuñas de lima y ramitas de cilantro.

Para preparar el marinado en salsa *jerk*, corte por la mitad 1 o 2 guindillas, dependiendo del tamaño; retire las semillas y píquelas muy finas. Introdúzcalas en un tarro limpio con tapa de rosca junto con 1 cucharada de hojas de tomillo picadas finas, 1 cucharadita de pimienta de Jamaica molida, 1 cucharadita de canela molida, ½ cucharadita de nuez moscada molida, ½ cucharadita de sal, ½ cucharadita de pimienta negra molida, 3 cucharaditas de azúcar moreno, 2 cucharadas de aceite de girasol y 4 cucharadas de vinagre de sidra. Tape el tarro y agítelo. Utilice 3 cucharadas y conserve el resto en el frigorífico hasta 2 semanas.

ternera en adobo

4 raciones

tiempo de preparación
25 minutos
temperatura de cocción **baja**
tiempo de cocción **8-10 horas**

1 cucharada de **aceite de girasol**
750 g de **ternera para estofado**,
  troceada en dados y sin grasa
1 **cebolla** grande, cortada
  en rodajas
2 **dientes de ajo**, picados finos
2 cucharadas de **harina**
450 ml de **caldo de ternera**
4 cucharadas de **salsa de soja**
4 cucharadas de **vinagre de vino**
1 cucharada de **azúcar
  blanquilla**
2 **hojas de laurel**
el jugo de 1 **lima**
sal y **pimienta**
arroz largo, para servir

para **decorar**
1 **zanahoria**, cortada
  en bastones
½ manojo de **cebolletas**,
  cortadas en tiras
hojas de **cilantro**

Precaliente la olla eléctrica de cocción lenta, en caso
necesario; consulte las instrucciones del fabricante. Caliente
el aceite en una sartén grande; añada los pedazos de ternera,
poco a poco, y fría a fuego fuerte, dándoles la vuelta, hasta
que se doren de forma uniforme. Sáquelos de la sartén con
una espumadera y páselos a una fuente.

Agregue a la sartén la cebolla y cuézala durante 5 minutos,
o hasta que empiece a dorarse. Añada el ajo y fríalo durante
2 minutos. Incorpore, sin dejar de remover, la harina;
a continuación, y gradualmente, el caldo. Vierta la salsa
de soja, el vinagre, el azúcar, las hojas de laurel, la sal
y la pimienta, y llévelo a ebullición, mientras remueve.

Pase la ternera de la mezcla al recipiente extraíble
de la olla; vierta por encima la preparación de la cebolla
y el caldo, coloque la tapadera y cueza a temperatura
baja de 8 a 10 horas.

Incorpore, sin dejar de remover, el jugo de la lima a
su gusto y decore con los bastones de zanahoria, las tiras
de cebolleta y las hojas de cilantro. Sírvala en cuencos
poco hondos con un lecho de arroz.

Para preparar ternera en salsa *hoisin*, mezcle 3 cucharadas
de salsa de soja y la misma cantidad de arroz y de vinagre de
vino con 2 cucharadas de salsa *hoisin* y un trozo de 2,5 cm
de jengibre fresco pelado y picado fino. Añada la mezcla al
caldo de ternera junto con el azúcar. Prescinda de las hojas
de laurel, lleve a ebullición y continúe como se indica en la
receta; añada el jugo de lima justo antes de servir.

tajín de cordero con higos y almendras

4 raciones

tiempo de preparación
15 minutos

temperatura de cocción **baja**

tiempo de cocción **8-10 horas**

1 cucharada de **aceite de oliva**

750 g de **solomillo de cordero**
en dados o **cordero troceado**

1 **cebolla**, cortada en rodajas

2 **dientes de ajo**, picados finos

1 trozo de 2,5 cm de **jengibre
fresco**, pelado y picado fino

2 cucharadas de **harina**

600 ml de **caldo de cordero**

1 cucharadita de **canela molida**

2 pizcas generosas de **azafrán**

75 g de **higos** secos, sin
el pedúnculo y en dados

40 g de **almendras laminadas
tostadas**

sal y **pimienta**

Precaliente la olla eléctrica de cocción lenta, en caso necesario; consulte las instrucciones del fabricante. Caliente el aceite en una sartén; añada el cordero, poco a poco, y fríalo a fuego fuerte, sin dejar de remover, hasta que se dore. Sáquelo de la sartén con una espumadera y páselo al recipiente extraíble de la olla.

Agregue la cebolla y fríala, mientras remueve, durante 5 minutos, o hasta que se ablande y empiece a dorarse. Incorpore, sin dejar de remover, el ajo y el jengibre y, a continuación, la harina. Agregue gradualmente el caldo; mezcle y añada las especias, los higos, un poco de sal y pimienta, y llévelo a ebullición, sin dejar de remover.

Pase la preparación al recipiente de la olla; coloque la tapa y cueza a temperatura baja de 8 a 10 horas, o hasta que el cordero esté tierno. Remueva y espolvoree con las almendras laminadas tostadas. Sírvalo acompañado de cuscús con garbanzos y limón (*véase* inferior).

Para preparar cuscús con garbanzos y limón como acompañamiento del tajín, ponga 200 g de cuscús en un cuenco; agregue la ralladura y el jugo de 1 limón, 2 cucharadas de aceite de oliva, 410 g de garbanzos de lata escurridos y un poco de sal y pimienta. Vierta 450 ml de agua hirviendo, cubra el cuenco con un plato y deje que repose durante 5 minutos. Retire el plato, agregue 4 cucharadas de cilantro o perejil picado y ahuéquelo con un tenedor.

pollo al limón

4 raciones
tiempo de preparación
20 minutos
temperatura de cocción **alta**
tiempo de cocción
**3 horas 15 minutos-
4 horas 15 minutos**

1 cucharada de **aceite de oliva**
4 **pechugas de pollo**,
deshuesadas y sin piel,
unos 550 g en total
1 **cebolla**, picada
2 **dientes de ajo**, picados finos
2 cucharadas de **harina**
450 ml de **caldo de pollo**
½ **limón** (cortado a lo largo
por la mitad) y, a continuación,
en 4 cuñas
2 **pak chois**, cortados en rodajas
finas
125 g de **guisantes dulces**,
cortados por la mitad a lo largo
4 cucharadas de **crema fresca**
2 cucharadas de **menta** y **perejil
picados**
sal y **pimienta**

para **servir**
cuscús mezclado con **tomate,
cebolla roja y pimiento rojo**
picados finos

Precaliente la olla eléctrica de cocción lenta, en caso
necesario; consulte las instrucciones del fabricante. Caliente
el aceite en una sartén grande; añada las pechugas de pollo
y fríalas a fuego fuerte hasta que se doren por ambos lados.
Retírelas de la sartén y páselas a una fuente. Añada a la sartén
la cebolla y cuézala, sin dejar de remover, durante 5 minutos,
o hasta que se dore ligeramente.

Incorpore, mientras remueve, el ajo y la harina y, a continuación,
el caldo y las cuñas de limón. Salpimiente y llévelo a ebullición.

Coloque las pechugas de pollo en el recipiente extraíble
de la olla; vierta la mezcla de caldo caliente por encima
y sumerja el pollo bajo la superficie del líquido. Coloque
la tapa y cueza a temperatura alta durante 3 o 4 horas.

Añada los *pak chois* y los guisantes dulces y cocine
a temperatura alta durante 15 minutos, o hasta que estén
tiernos. Saque el pollo, córtelo en filetes y colóquelos en
los platos. Incorpore a la salsa, sin dejar de remover, la crema
fresca y las hierbas y, a continuación, viértala con una cuchara,
junto con las hortalizas, sobre el pollo. Sírvalo acompañado
de cuscús mezclado con tomate, cebolla roja y pimiento
rojo muy picados.

Para preparar pollo al limón con *harissa*, agregue a la
sartén 4 cucharaditas de pasta *harissa* junto con el caldo
de pollo y ½ limón cortado en cuñas. Continúe como
se indica en la receta, pero prescinda de los *pak chois*
y añada 125 g de brécol, con los ramitos cortados en
trozos pequeños y los tallos en rodajas, y ½ calabacín.
Reduzca la cantidad de guisantes dulces a sólo 50 g.

albóndigas con limón y aceitunas

4 raciones
tiempo de preparación
30 minutos
temperatura de cocción **baja**
tiempo de cocción **6-8 horas**

para las **albóndigas**
50 g de **aceitunas negras**
  sin hueso, picadas
la ralladura de ½ **limón**
500 g de **carne magra**
  de ternera, picada
1 **yema de huevo**
1 cucharada de **aceite de oliva**

para la **salsa**
1 **cebolla**, picada
2 **dientes de ajo**, picados finos
400 g de **tomates triturados**
  de lata
1 cucharadita de **azúcar**
  blanquilla
150 ml de **caldo de pollo**
sal y **pimienta**
hojas de albahaca pequeñas,
  para servir
tallarines mezclados
  con **albahaca** picada
  y **mantequilla derretida**,
  para servir

Precaliente la olla eléctrica de cocción lenta, en caso necesario; consulte las instrucciones del fabricante. Para preparar las albóndigas, ponga en un cuenco todos los ingredientes, a excepción del aceite, y mézclelos con una cuchara de madera. Humedézcase las manos y forme 20 bolas con la preparación.

Caliente el aceite en una sartén grande; añada las albóndigas y fríalas a fuego fuerte, dándoles la vuelta hasta que estén doradas de manera homogénea. Sáquelas de la sartén con una espumadera y páselas a una fuente.

Para preparar la salsa, añada la cebolla a la sartén y fríala, sin dejar de remover, durante 5 minutos, o hasta que esté ligeramente dorada. Agregue el ajo, los tomates, el azúcar, el caldo, sal y pimienta y llévelo a ebullición mientras remueve.

Pase las albóndigas al recipiente extraíble de la olla; vierta por encima la salsa caliente, coloque la tapa y cueza a temperatura baja de 6 a 8 horas. Decore con las hojas de albahaca y sírvalas acompañadas de tallarines mezclados con albahaca picada y mantequilla derretida.

Para preparar albóndigas con ajo a las hierbas, sustituya las aceitunas y la ralladura de limón por 2 dientes de ajo picados finos y 3 cucharadas de hojas de albahaca picadas. Mezcle, deles forma y cocine las albóndigas junto con la salsa como se indica en la receta y añada un puñado pequeño de hojas de albahaca antes de servir.

pollo con beicon a la mostaza

4 raciones
tiempo de preparación
  15 minutos
temperatura de cocción **baja**
tiempo de cocción
  8 horas 15 minutos-
  10 horas 15 minutos

15 g de **mantequilla**
1 cucharada de **aceite de girasol**
4 **muslos** y 4 **contramuslos de pollo**
4 lonchas de **beicon ahumado**, en dados
400 g de **puerros**, cortados en rodajas muy finas, con la parte blanca y la verde por separado
2 cucharadas de **harina**
600 ml de **caldo de pollo**
3 cucharaditas de **mostaza en grano**
sal y **pimienta**
puré de **patata**, para servir

Precaliente la olla eléctrica de cocción lenta, en caso necesario; consulte las instrucciones del fabricante. Caliente la mantequilla y el aceite en una sartén; añada los contramuslos y los muslos de pollo y fríalos a fuego fuerte hasta que se doren de manera uniforme. Páselos con una espumadera al recipiente extraíble de la olla.

Añada a la sartén el beicon y las rodajas de las partes blancas de los puerros y fríalos, sin dejar de remover, durante 5 minutos, o hasta que empiecen a dorarse. Incorpore, mientras remueve, la harina; gradualmente, agregue el caldo, la mostaza y un poco de sal y pimienta. Llévelo a ebullición y viértalo en el recipiente de la olla; coloque la tapa y cueza a temperatura baja de 8 a 10 horas.

Agregue las rodajas de las partes verdes de los puerros; mézclelas con la salsa y retire la tapa y cueza a temperatura baja durante 15 minutos, o hasta que las rodajas de las partes verdes de los puerros se hayan ablandado. Sírvalo con una cuchara en cuencos de servir poco hondos y acompañado de puré de patata.

Para preparar un guiso de salchichas de Frankfurt y pollo a la mostaza, fría el pollo como se indica en la receta, escúrralo e incorpórelo al recipiente extraíble de la olla. Añada a la sartén 1 cebolla picada y, a continuación, incorpore mientras remueve, 4 salchichas de Frankfurt en rodajas y fríalas durante 5 minutos. Incorpore, sin dejar de remover, la harina, el caldo y la mostaza y sazone como se indica en la receta. Agregue el contenido de una lata de 200 g de maíz dulce; páselo a la olla de cocción lenta y cueza a temperatura baja de 8 a 10 horas.

ternera con cebada a la cerveza

4 raciones
tiempo de preparación
15 minutos
temperatura de cocción **baja**
tiempo de cocción **9-10 horas**

1 cucharada de **aceite de girasol**
625 g de **ternera de estofado**,
  en dados
1 **cebolla**, picada
1 cucharada de **harina**
250 g de **zanahorias**, en dados
250 g de **chirivías** o **patatas**,
  en dados
300 ml de **cerveza rubia**
750 ml de **caldo de ternera**
1 manojo pequeño de **una
  mezcla de hierbas** o *bouquet
  garni* seco
100 g de **cebada perlada**
sal y **pimienta**

Precaliente la olla eléctrica de cocción lenta, en caso
necesario; consulte las instrucciones del fabricante.
Caliente el aceite en una sartén; añada la ternera,
poco a poco, y fríala a fuego fuerte, mientras remueve,
hasta que empiece a dorarse. Saque la ternera con una
espumadera y pásela al recipiente extraíble de la olla.

Agregue a la sartén la cebolla y fríala, sin dejar de remover,
durante 5 minutos, o hasta que se dore ligeramente. Incorpore
la harina y, a continuación, los tubérculos y la cerveza y,
removiendo, llévelo a ebullición. Póngalo en el recipiente
de la olla.

Vierta el caldo en la sartén junto con las hierbas y un
poco de sal y pimienta; llévelo a ebullición; a continuación,
rocíelo en la olla de cocción lenta. Añada la cebada perlada,
coloque la tapa y cueza a temperatura baja durante 9
o 10 horas, o hasta que la ternera esté tierna. Sírvala
acompañada de picatostes a las hierbas (*véase* inferior),
si lo desea.

Para preparar picatostes a las hierbas como
acompañamiento de la ternera con cebada, mezcle bien
en un cuenco 2 cucharadas de perejil picado, la misma
cantidad de cebollino picado, 1 cucharada de estragón
picado y un poco de pimienta negra con 75 g de mantequilla
ablandada. Corte una barra de pan francés en rebanadas
gruesas, tuéstelas ligeramente por ambos lados y úntelas
con la mezcla de la mantequilla a las hierbas.

faisán asado con castañas

120

2-3 raciones

tiempo de preparación
15 minutos

temperatura de cocción **alta**

tiempo de cocción **3-4 horas**

1 **faisán**, de aproximadamente
750 g

25 g de **mantequilla**

1 cucharada de **aceite de oliva**

200 g de **escalonias**, cortadas
por la mitad

50 g de **beicon ahumado**
o **panceta**, en dados

2 **ramas de apio**, cortadas
en rodajas gruesas

1 cucharada de **harina**

300 ml de **caldo de pollo**

4 cucharadas de **jerez seco**

100 g de **castañas** ya
preparadas, empaquetadas
al vacío

2-3 ramitas de **tomillo**

sal y **pimienta**

patatas a la crema, para servir

Precaliente la olla eléctrica de cocción lenta, en caso
necesario; consulte las instrucciones del fabricante.
Enjuague el faisán por dentro y por fuera con abundante
agua del grifo y, a continuación, séquelo dándole golpecitos
con papel de cocina.

Caliente la mantequilla y el aceite en una sartén, añada
el faisán, con las pechugas hacia abajo, las escalonias, el
beicon o la panceta y el apio, y fríalos hasta que se doren;
vaya dando la vuelta al faisán y removiendo los ingredientes.
Pase el faisán al recipiente extraíble de la olla, con las
pechugas hacia abajo.

Incorpore, sin dejar de remover, la harina a la mezcla
de la cebolla. Gradualmente, agregue el caldo y el jerez;
a continuación, las castañas, el tomillo y un poco de sal y
pimienta. Llévelo a ebullición, mientras remueve, y viértalo
sobre el faisán. Coloque la tapa y cueza a temperatura
alta durante 3 o 4 horas o hasta que esté tierno. Pinche
con un cuchillo las partes más gruesas de los muslos
y las pechugas para comprobar si el jugo sale claro.
Trinche el faisán en filetes gruesos, separe los muslos
del resto y sírvalo acompañado de patatas a la crema.

Para preparar pintada asada con ciruelas pasas, fría
una pintada de 1 kg, en lugar del faisán. Pase la pintada
al recipiente extraíble de la olla, e incorpore, sin dejar
de remover, 2 cucharadas de harina; a continuación,
añada 450 ml de caldo de pollo y el jerez. Prescinda de
las castañas y, en su lugar, añada 75 g de ciruelas pasas
deshuesadas y cortadas por la mitad. Continúe como
se indica en la receta, pero prolongando la cocción de
5 a 6 horas.

pescados y mariscos

trucha guisada al estilo caribeño

4 raciones
tiempo de preparación
20 minutos
temperatura de cocción **alta**
tiempo de cocción
1 hora 30 minutos-2 horas

4 **truchas** pequeñas, sin tripas,
cabezas ni aletas y enjuagadas
en abundante agua fría
1 cucharadita de **pimienta
de Jamaica** molida
1 cucharadita de **pimentón
dulce**
1 cucharadita de **cilantro molido**
2 cucharadas de **aceite de oliva**
6 **cebolletas**, cortadas
en rodajas gruesas
1 **pimiento rojo**, sin el corazón
ni las semillas y cortado
en rodajas finas
2 **tomates**, ligeramente picados
½ **guindilla jamaicana** u otra
guindilla roja, sin las semillas
y picada
2 ramitas de **tomillo**
300 ml de **caldo de pescado**
sal y **pimienta**

Precaliente la olla eléctrica de cocción lenta, en caso necesario;
consulte las instrucciones del fabricante. Realice 2 o 3 cortes en
la trucha por ambos lados con un cuchillo afilado. Mezcle en una
fuente las especias y un poco de sal y pimienta y, a continuación,
pase cada lado de las truchas por la preparación de especias.

Caliente el aceite en una sartén; añada las truchas y fríalas
hasta que se doren por ambos lados, pero sin que se cocinen
por dentro. Escúrralas y colóquelas en el recipiente extraíble
de la olla, apoyándolas en sus extremos inferiores y de la
parte superior a la cola, de forma que quepan con holgura
en una sola capa.

Agregue el resto de los ingredientes a la sartén junto con las
especias que hayan quedado en la fuente y llévelo a ebullición,
sin dejar de remover. Viértalo sobre la trucha; coloque la tapa
y cueza a temperatura alta de 1 hora 30 minutos a 2 horas.

Saque cuidadosamente el pescado de la olla de cocción lenta
con una paleta para pescado y páselo a platos llanos. Con
una cuchara, vierta la salsa por encima y sírvala acompañada
de pan caliente para rebañar la salsa, si lo desea.

Para preparar pollo guisado al estilo caribeño en lugar
de la trucha, realice cortes en 8 muslos de pollo y páselos
por la mezcla de especias como se indica en la receta.
Fríalos en el aceite de oliva hasta que se doren; escúrralos
y páselos al recipiente extraíble de la olla. Caliente las verduras
como se indica, junto con 450 ml de caldo de pollo, sal y
pimienta y cuézalo con los cuartos traseros del pollo en la
olla eléctrica de cocción lenta a temperatura baja de 8 a
10 horas. Si lo desea, espese la salsa con 4 cucharaditas
de harina de maíz mezcladas con un poco de agua, y cueza
durante 15 minutos más.

arenques marinados calientes

4 raciones
tiempo de preparación
15 minutos
temperatura de cocción **alta**
tiempo de cocción
1 hora 30 minutos-2 horas

1 **cebolla roja** grande, cortada
en rodajas finas
1 **zanahoria** grande, cortada
en bastones
1 **rama de apio** grande,
cortada en rodajas finas
6 **arenques pequeños**,
sin tripas, fileteados
y enjuagados en agua fría
2 tallos de **estragón**
1 **hoja de laurel**
150 ml de **vinagre de sidra**
25 g de **azúcar blanquilla**
600 ml de **agua hirviendo**
½ cucharadita de **pimienta
en grano** variada
sal
ramitas de estragón,
para decorar

Precaliente la olla eléctrica de cocción lenta, en caso
necesario; consulte las instrucciones del fabricante. Ponga
la mitad de la cebolla, la zanahoria y el apio en la base del
recipiente extraíble de la olla; coloque los filetes de arenque
por encima y cubra con el resto de las hortalizas.

Añada el estragón, la hoja de laurel, el vinagre y el azúcar
y, a continuación, vierta por encima el agua hirviendo.
Agregue la pimienta en grano y un poco de sal, coloque
la tapa y cueza a temperatura alta de 1 hora 30 minutos
a 2 horas.

Pase el pescado, las hortalizas y un poco del líquido de la
cocción a cuencos poco hondos; corte por la mitad los filetes
de pescado, si fuera necesario. Decore con las ramitas de
estragón y sírvalo acompañado de remolacha en vinagre,
pepinos con eneldo y pan con mantequilla, si lo desea.

Para preparar arenques horneados al estilo sueco,
elabore la receta que se indica, pero añada 2 ramitas
de eneldo, en lugar del estragón, y aumente la cantidad de
azúcar a 50 g. Espere a que se enfríen, una vez cocinados,
y sírvalos con 8 cucharadas de crema agria, mezcladas
con 1 cucharadita de rábano picante, y acompañados
de ensalada de pepinillos en vinagre.

salmón en caldo con *miso* caliente

6 raciones

tiempo de preparación
15 minutos

temperatura de cocción **baja**
y **alta**

tiempo de cocción
**1 hora 40 minutos-
2 horas 10 minutos**

4 **filetes de salmón**,
de aproximadamente
125 g cada uno

1 **zanahoria**, cortada en rodajas
finas

4 **cebolletas**, cortadas
en rodajas finas

4 **champiñones**,
aproximadamente 125 g,
laminados

1 **guindilla roja** grande, partida
por la mitad, sin semillas
y picada fina

1 trozo de **jengibre fresco** de
2 cm, pelado y picado fino

3 cucharadas de *miso*

1 cucharada de **salsa de soja**
oscura

2 cucharadas de *mirin* (opcional)

1,2 l de **caldo de pollo**

75 g de **tirabeques**, cortados
en rodajas finas

hojas de **cilantro**, para decorar

Precaliente la olla eléctrica de cocción lenta, en caso
necesario; consulte las instrucciones del fabricante.
Enjuague el salmón en agua fría, escúrralo y póngalo
en el recipiente extraíble de la olla. Coloque sobre el
pescado la zanahoria, las cebolletas, los champiñones,
la guindilla y el jengibre.

Añada el *miso*, la salsa de soja y el *mirin* (en caso de utilizarlo)
al caldo caliente y remueva hasta que este último se haya
disuelto. Vierta la mezcla de caldo por encima del pescado
y las hortalizas, coloque la tapa y cueza a temperatura baja
de 1 hora 30 minutos a 2 horas, o hasta que el pescado
esté tierno y la sopa bien caliente.

Retire el salmón con una pala de pescado y páselo a una
fuente. Desmenúcelo en trozos gruesos, pero deseche la
piel y las espinas. Vuelva a poner el pescado en el recipiente
extraíble de la olla; agregue los tirabeques y cueza
a temperatura alta durante 10 minutos, o hasta que los
tirabeques estén tiernos, y, a continuación, sirva la sopa
en cuencos con la ayuda de un cucharón y decore con
las hojas de cilantro.

Para preparar salmón en caldo tailandés aromático,

siga los pasos que se indican en la receta, pero añada
3 cucharaditas de pasta de curry rojo tailandés, 3 hojas
pequeñas de lima *kaffir* y 2 cucharaditas de salsa
de pescado, en lugar del *miso* y el *mirin*.

caballa con patatas con *harissa*

4 raciones
tiempo de preparación
20 minutos
temperatura de cocción **baja**
tiempo de cocción **5-7 horas**

500 g de **patatas nuevas**,
  lavadas y cortadas en rodajas
  finas
1 cucharada de **aceite de oliva**
1 **cebolla**, picada
½ **pimiento rojo**, sin el corazón
  ni las semillas y en dados
½ **pimiento amarillo** sin
  el corazón ni las semillas
  y en dados
1 **diente de ajo,** picado fino
2 cucharaditas de *harissa*
  (pasta de guindilla marroquí)
200 g de **tomates**, ligeramente
  picados
1 cucharada de **puré de tomate**
300 ml de **caldo de pescado**
4 **caballas** pequeñas, de
  aproximadamente 300 g
  cada una, sin tripas ni cabeza
sal y **pimienta**

Precaliente la olla eléctrica de cocción lenta, en caso necesario; consulte las instrucciones del fabricante. Lleve a ebullición una cacerola con agua; añada las patatas y cueza durante 4 o 5 minutos o hasta que estén prácticamente tiernas. Escúrralas y resérvelas.

Caliente el aceite en una sartén; añada la cebolla y fríala, sin dejar de remover, durante 5 minutos o hasta que se ablande y empiece a dorarse. Incorpore, mientras remueve, los pimientos y el ajo y fríalos durante 2 o 3 minutos. Agregue la *harissa*, los tomates, el puré de tomate, el caldo y un poco de sal y pimienta y llévelo a ebullición.

Ponga las patatas en la base del recipiente extraíble de la olla. Enjuague bien el pescado, escúrralo, colóquelo formando una sola capa por encima de las patatas y, a continuación, tápela y cueza a temperatura baja de 5 a 7 horas, o hasta que las patatas estén tiernas y el pescado se desmenuce al presionar el centro con un cuchillo pequeño.

Sirva en cuencos poco profundos, con la ayuda de un cucharón acompañado de panes pita calientes, si lo desea.

Para preparar patatas especiadas con *harissa* y queso feta, siga los pasos que se indican en la receta, pero prescinda del pescado y, en su lugar, añada a la mezcla de tomate 125 g de queso feta escurrido y desmenuzado y 50 g de aceitunas negras sin hueso. Cueza como se indica en la receta y espolvoree con perejil troceado, justo antes de servir.

macarrones con abadejo ahumado

4 raciones
tiempo de preparación
15 minutos
temperatura de cocción **baja**
tiempo de cocción
2 horas 15 minutos-
3 horas 15 minutos

200 g de **macarrones**
1 cucharada de **aceite de oliva**
1 **cebolla**, picada
50 g de **mantequilla**
50 g de **harina**
450 ml de **leche**
450 ml de **caldo de pescado**
175 g de **queso cheddar**, rallado
¼ de cucharadita de **nuez moscada**, rallada
500 g de **abadejo ahumado**, sin piel y en dados de 2,5 cm
200 g de **maíz dulce** de lata, escurrido
125 g de **espinacas**, enjuagadas, escurridas y ligeramente troceadas
sal y **pimienta**
1 ramita de **tomates cereza**, para servir

Precaliente la olla eléctrica de cocción lenta, en caso necesario; consulte las instrucciones del fabricante. Ponga los macarrones en un cuenco, cúbralos con abundante agua hirviendo y déjelos reposar durante 10 minutos mientras prepara el resto del plato.

Caliente el aceite en una sartén; añada la cebolla y fríala a fuego lento, sin dejar de remover, durante 5 minutos, o hasta que se ablande. Añada la mantequilla y, cuando este derretida, incorpore, mientras remueve, la harina. Agregue gradualmente la leche y lleve la mezcla a ebullición, sin dejar de remover, hasta que quede homogénea. Incorpore el caldo, 125 g del queso, la nuez moscada, sal y pimienta, y vuelva a llevarla a ebullición.

Escurra los macarrones y añádalos al recipiente extraíble de la olla, junto con el abadejo y el maíz dulce. Vierta la salsa y remueva. Coloque la tapa y cueza a temperatura baja durante 2 o 3 horas.

Incorpore las espinacas a los macarrones; retire la tapa y cueza a temperatura baja durante 15 minutos. Saque el recipiente extraíble de la caja protectora con la ayuda de unos guantes para el horno y remueva. Espolvoree el resto del queso y gratine los macarrones en el grill. Sírvalos acompañados de una ramita de tomates cereza.

Para preparar macarrones con queso stilton y beicon, empape los macarrones como se indica en la receta. Elabore la salsa de queso con la leche, pero añada caldo vegetal en lugar del caldo de pescado y sustituya el queso cheddar por stilton. Prescinda del pescado y cueza como se indica en la receta, junto con el maíz dulce. Incorpore, removiendo, las espinacas y 6 lonchas de beicon ahumado al grill, cortado en dados. Cueza durante 15 minutos, espolvoree con un poco más de stilton y gratínelos.

atún *arrabiata*

4 raciones

tiempo de preparación
20 minutos

temperatura de cocción **baja**

tiempo de cocción **4-5 horas**

1 cucharada de **aceite de oliva**

1 **cebolla**, picada

2 **dientes de ajo**, picados finos

1 **pimiento rojo**, sin el corazón
ni las semillas y en dados

1 cucharadita de **pimentón
dulce ahumado**

450 ml de **caldo de pescado**

¼-½ cucharadita de **guindillas
rojas secas** majadas

400 g de **tomates triturados**
de lata

150 ml de **caldo de pescado**
o **vegetal**

200 g de **atún** enlatado al natural

375 g de **espaguetis**

sal y **pimienta**

para **servir**
queso parmesano,
recién rallado

hojas de **albahaca**

Precaliente la olla eléctrica de cocción lenta, en caso
necesario; consulte las instrucciones del fabricante.
Caliente el aceite en una sartén, añada la cebolla y fríala,
sin dejar de remover, durante 5 minutos, o hasta que
empiece a dorarse por los bordes.

Incorpore, mientras remueve, el ajo, el pimiento rojo,
el pimentón dulce y las guindillas secas y cueza durante
2 minutos. Agregue los tomates, el caldo y un poco de
sal y pimienta; llévelo a ebullición y viértalo en el recipiente
extraíble de la olla. Divida el atún en trozos grandes e
incorpórelo, sin dejar de remover, a la mezcla de tomate.
Coloque la tapa y cueza a temperatura baja durante
4 o 5 horas.

Lleve a ebullición una cacerola grande con agua; cuando
esté casi listo para servir, añada los espaguetis y cuézalos
durante unos 8 minutos, o hasta que estén tiernos. Escúrralos
e incorpórelos a la salsa de tomate. Sírvalos en cuencos poco
hondos, y espolvoree con queso parmesano rallado y hojas
de albahaca, a su gusto.

Para preparar *arrabiata* con doble de tomate, prescinda
del atún de la salsa de tomate y, en su lugar, incorpore
75 g de rodajas de tomates secados al sol y 100 g de
champiñones laminados. Cueza y sírvalos como se indica
en la receta.

salmón escalfado con *chermoula*

4 raciones
tiempo de preparación
15 minutos
temperatura de cocción **baja**
tiempo de cocción
**1 hora 45 minutos-
2 horas 15 minutos**

6 **cebolletas**
25 g de **perejil**
25 g de **cilantro**
la ralladura y el jugo de **1 limón**
4 cucharadas de **aceite de oliva**
½ cucharadita de **semillas
de comino**, ligeramente
majadas
500 g de **solomillo de salmón**
del extremo grueso con una
longitud no superior a 18 cm,
sin piel
250 ml de **caldo de pescado**
6 cucharadas de **mayonesa**
125 g de **hojas de ensalada
variadas**
sal y **pimienta**

Precaliente la olla eléctrica de cocción lenta, en caso
necesario; consulte las instrucciones del fabricante. Trocee
muy finas las cebolletas y las hierbas, con un cuchillo grande
o en un robot de cocina. Mézclalas con la ralladura y el jugo
de limón, el aceite, las semillas de comino y un poco de
sal y pimienta.

Enjuague el salmón en agua fría, escúrralo bien y póngalo
sobre un pedazo de papel de aluminio que tenga la misma
anchura que el salmón. Espolvoree con la mitad de la mezcla
de hierbas y utilice el papel de aluminio para introducir
el pescado en el recipiente extraíble de la olla.

Lleve el caldo a ebullición en una cacerola pequeña; viértalo
sobre el salmón y doble los extremos del papel de aluminio,
en caso necesario. Coloque la tapa y cueza a temperatura
baja de 1 hora 45 minutos a 2 horas 15 minutos.

Saque el salmón de la olla de cocción lenta con la ayuda del
papel de aluminio y páselo a una fuente de servir. Incorpore
el resto de la mezcla de hierbas sin cocinar junto con la mayonesa.
Coloque las hojas de ensalada en 4 fuentes, corte el salmón
en 4 trozos y póngalo sobre la ensalada. Sírvalo acompañado
de una cucharada de mayonesa a las hierbas.

Para preparar salmón escalfado clásico, prescinda
de la mezcla de hierbas *chermoula*. Enjuague el salmón
como se indica en la receta e introdúzcalo en el recipiente
extraíble de la olla sobre un pedazo de papel de aluminio.
Agregue ½ limón en rodajas, ½ cebolla en rodajas, 2 ramitas
de estragón y un poco de sal y pimienta. Lleve a ebullición
200 ml de caldo de pescado y 4 cucharadas de vino blanco
en una cacerola pequeña; viértalo sobre el pescado y cueza
como se indica en la receta.

calamares en salsa *puttanesca*

4 raciones

tiempo de preparación
25 minutos

temperatura de cocción **baja**

tiempo de cocción
**3 horas 30 minutos-
4 horas 30 minutos**

500 g de **calamares**
1 cucharada de **aceite de oliva**
1 **cebolla**, picada
2 **dientes de ajo**, picados finos
400 g de **tomates triturados**
de lata
150 ml de **caldo de pescado**
4 cucharaditas de **alcaparras**
escurridas
50 g de **aceitunas negras**
sin hueso
2-3 ramitas de **tomillo**, y un poco
más para decorar (opcional)
1 cucharadita **semillas de
hinojo** ligeramente majadas
1 cucharadita de **azúcar
blanquilla**
sal y **pimienta**
pasta *linguine*, para servir

Precaliente la olla eléctrica de cocción lenta, en caso
necesario; consulte las instrucciones del fabricante. Retire
los tentáculos a los calamares y enjuáguelos dentro de los
cuerpos con agua fría. Póngalos en un colador y limpie la
parte exterior y los tentáculos de los calamares. Escúrralos
bien, coloque los tentáculos en un cuenco pequeño; tápelo
e introdúzcalo en el frigorífico. Córtelos en aros gruesos.

Caliente el aceite en una sartén grande; añada la cebolla
y fríala, sin dejar de remover, durante 5 minutos, o hasta que
se dore. Agregue el ajo y cuézalo durante 2 minutos. Incorpore,
mientras remueve, los tomates, el caldo, las alcaparras,
las aceitunas, el tomillo, las semillas de hinojo, el azúcar,
sal y pimienta y llévelo a ebullición.

Vierta la salsa en el recipiente extraíble de la olla; añada
los aros de calamar y sumérjalos en la salsa. Coloque la tapa
y cueza a temperatura baja durante 3 o 4 horas.

Remueva la mezcla de calamar; agregue los tentáculos,
asegurándose de que los cubra la salsa, y cueza a temperatura
baja durante 30 minutos. Sírvalos acompañados de pasta
linguine y decorados con algunas hojas de tomillo, si lo desea.

Para preparar calamares en vino tinto y salsa de tomate,
sustituya el caldo, las alcaparras, las aceitunas y las semillas
de hinojo por 150 ml de vino tinto. Cueza como se indica en la
receta; decórelos con perejil picado y sírvalos acompañados
de pan crujiente caliente.

kedgeree de caballa ahumada

4 raciones
tiempo de preparación
   15 minutos
temperatura de cocción **baja**
tiempo de cocción
   3 horas 15 minutos-
   4 horas 15 minutos

2 cucharadas de **aceite**
   de girasol
1 **cebolla**, picada
1 cucharadita de **cúrcuma**
2 cucharadas de *chutney*
   de mango
750-900 ml de **caldo vegetal**
1 **hoja de laurel**
175 g de **arroz integral** de
   cocción rápida
250 g o 3 **lomos de caballa**
   ahumada, sin piel
100 g de **guisantes** congelados
25 g de hojas de **roqueta**
   o **berros**
4 **huevos duros**, cortados
   en cuñas
sal y **pimienta**

Precaliente la olla eléctrica de cocción lenta, en caso necesario; consulte las instrucciones del fabricante. Caliente el aceite en una sartén; añada la cebolla y fríala, sin dejar de remover, durante 5 minutos, o hasta que se ablande y comience a dorarse.

Incorpore, mientras remueve, la cúrcuma, el *chutney,* el caldo, la hoja de laurel y un poco de sal y pimienta, y llévelo a ebullición. Viértalo en el recipiente extraíble de la olla y añada el arroz. Agregue la caballa ahumada al recipiente extraíble, formando una sola capa; coloque la tapa y cueza a temperatura baja durante 3 o 4 horas, o hasta que el arroz esté tierno y haya absorbido casi todo el caldo.

Añada, sin dejar de remover, los guisantes; desmenuce el pescado en trozos grandes y rocíe con más caldo caliente, en caso necesario. Cueza durante 15 minutos más e incorpore, removiendo, los berros o la roqueta; sírvalo en platos con la ayuda de una cuchara y decore con las cuñas de huevo duro.

Para preparar *kedgeree* de abadejo ahumado con cardamomo, siga la receta, pero prescinda del *chutney* de mango y agregue en su lugar 4 vainas de cardamomo majadas junto con sus semillas. Sustituya la caballa ahumada por 400 g de lomo de abadejo ahumado sin la piel, cortado en 2 trozos. Continúe como se indica en la receta; añada los guisantes y las cuñas de huevo duro al final y prescinda de la roqueta y los berros. Vierta por encima 4 cucharadas de crema de leche espesa.

salmón escalfado con *beurre blanc*

4 raciones
tiempo de preparación
  25 minutos
temperatura de cocción **baja**
tiempo de cocción
  1 hora 45 minutos-
  2 horas 15 minutos

100 g de **mantequilla**
1 **cebolla** grande, picada fina
1 **limón**, cortado en rodajas
500 g de **solomillo de salmón**
  del extremo grueso con una
  longitud no superior a 18 cm
1 **hoja de laurel**
200 ml de **vino blanco**
150 ml de **caldo de pescado**
3 cucharadas de **cebollino**,
  picado fino, y un poco
  más para decorar
sal y **pimienta**
rodajas de **limón**, para decorar

Precaliente la olla eléctrica de cocción lenta, en caso necesario; consulte las instrucciones del fabricante. Pinte con un poco de mantequilla el interior del recipiente extraíble de la olla. Doble un trozo grande de papel de aluminio en tres y colóquelo en la base del recipiente extraíble con los extremos hacia arriba para utilizarlos a modo de asas. Ponga las rodajas de cebolla y la mitad de las rodajas de limón sobre el papel de aluminio y coloque encima el salmón, con la carne hacia arriba. Salpimiente y agregue la hoja de laurel y el resto de las rodajas de limón.

Vierta el vino y el caldo en una cacerola, llévelo a ebullición y rocíe con él el salmón. Doble el papel de aluminio en caso necesario, para que se ajuste al tamaño de la tapa de la olla; a continuación, cueza a temperatura baja de 1 hora 45 minutos a 2 horas 15 minutos hasta que el pescado esté opaco.

Saque cuidadosamente el salmón de la olla de cocción lenta utilizando el papel de aluminio a modo de asas y escurriendo todo el líquido posible. Páselo a una fuente de servir; retire la hoja de laurel, el limón y las rodajas de cebolla y manténgalo caliente. Cuele el líquido de la cocción en una cacerola y hierva a fuego fuerte durante 4 o 5 minutos.

Baje el fuego e incorpore, sin dejar de batir, los pedazos pequeños de la mantequilla restante hasta que la salsa espese. (No sienta la tentación de apresurarse añadiendo la mantequilla de una sola vez o subiendo el fuego, ya que puede cortarse.) Agregue, sin dejar de remover, los cebollinos picados y rectifique de sal y pimienta.

Corte el salmón en 4 trozos, retire piel y sírvalo en platos individuales. Vierta un poco de la salsa y decore con limón y cebollino.

hortalizas

pimientos rellenos a las hierbas

4 raciones
tiempo de preparación
20 minutos
temperatura de cocción **baja**
tiempo de cocción **4-5 horas**

4 **pimientos** de diferentes
colores
100 g de **arroz integral**
de cocción rápida
410 g de **garbanzos** de lata,
escurridos
1 ramita pequeña de **perejil**,
ligeramente picada
1 ramita pequeña de **menta**,
ligeramente picada
1 **cebolla**, picada fina
2 **dientes de ajo**, picados finos
½ cucharadita de **pimentón
dulce ahumado**
1 cucharadita de **pimienta
de Jamaica molida**
600 ml de **caldo vegetal** caliente
sal y **pimienta**

Precaliente la olla eléctrica de cocción lenta, en caso
necesario; consulte las instrucciones del fabricante.
Corte la parte superior a los pimientos y retire el corazón
y las semillas.

Mezcle el arroz, los garbanzos, las hierbas aromáticas,
la cebolla, el ajo y la pimienta de Jamaica con abundante
sal y pimienta. Vierta la mezcla en el interior de los pimientos
con una cuchara y colóquelos en el recipiente extraíble
de la olla.

Rocíe el caldo caliente alrededor de los pimientos; coloque
la tapa y cueza a temperatura baja durante 4 o 5 horas,
o hasta que el arroz y los pimientos estén tiernos. Sírvalos
con una cuchara en platos acompañados de ensalada
y cucharadas de yogur griego, aderezado con hierbas
picadas, si lo desea.

Para preparar pimientos rellenos de queso feta, siga
la receta, pero emplee 100 g de feta desmenuzado, 40 g de
pasas, un puñado de albahaca picada y ¼ de cucharadita
de pimienta de Jamaica molida, en lugar del perejil picado,
la menta, el pimentón y la pimienta de Jamaica.

pastel de nueces y champiñones

4 raciones
tiempo de preparación
30 minutos
temperatura de cocción **baja
y alta**
tiempo de cocción
**6 horas 45 minutos-
8 horas 45 minutos**

2 cucharadas de **aceite de oliva**
1 **cebolla**, picada
2 **dientes de ajo**, picados
250 g de **champiñones**, pelados
y cortados en 4 trozos
250 g de **setas de cardo**,
cortadas en 4 trozos
1 cucharada de **harina**
200 ml de **vino tinto**
400 g de **tomates triturados**
en lata
150 ml de **caldo vegetal**
1 cucharada de **gelatina
de grosella roja**
2-3 tallos de **tomillo**
sal y **pimienta**

para la **cobertura de nueces**
200 g de **harina con levadura**
50 g de **mantequilla**, troceada
en dados
50 g de **nueces**, picadas
75 g de **queso cheddar**, rallado
1 **huevo**, batido
4-5 cucharadas de **leche**

Precaliente la olla eléctrica de cocción lenta en caso necesario; consulte las instrucciones del fabricante. Caliente el aceite en una sartén; añada la cebolla, el ajo y las setas y fríalos, sin dejar de remover, durante 5 minutos.

Incorpore la harina y el vino, los tomates y el caldo. Agregue la gelatina de grosella roja, el tomillo, sal y pimienta y llévelo a ebullición. Viértalo en el recipiente extraíble de la olla; coloque la tapa y cueza a temperatura baja de 6 a 8 horas.

Elabore la cobertura cuando esté casi listo para servir. Ponga en un cuenco la harina y la mantequilla y extienda la mantequilla con las yemas de los dedos. Incorpore, sin dejar de remover, las nueces, el queso, sal y pimienta. Añada la mitad del huevo y leche suficiente para obtener una textura homogénea.

Amase ligeramente; extienda la masa sobre una superficie enharinada hasta que tenga un grosor de 2 cm, y forme 8 círculos de 6 cm de diámetro con una cortadora de pastas, de forma que queden lisos por los bordes. Incorpore, sin dejar de remover, el guiso de los champiñones y coloque los bollitos, ligeramente superpuestos, alrededor del borde del plato. Tape y cueza a temperatura alta durante 45 minutos. Saque el recipiente extraíble, pincele los *scones* con el resto del huevo y gratínelos.

Para preparar un pastel de champiñones rápido, elabore el guiso de champiñones como se indica en la receta, pero prescinda del caldo y la cobertura de los *scones*. Extienda una lámina de masa de un paquete de 2 de 425 g y recorte los bordes para formar un óvalo. Páselo a una bandeja de horno engrasada con aceite; pincele con huevo batido y hornee, en el horno precalentado a 220 °C, de 15 a 20 minutos. Córtelo en cuñas y sírvalo con el guiso.

risotto con judías verdes y pesto

4 raciones
tiempo de preparación
20 minutos
temperatura de cocción **baja**
tiempo de cocción
2 horas 5 minutos-
2 horas 30 minutos

25 g de **mantequilla**
1 cucharada de **aceite de oliva**
1 **cebolla**, picada
2 **dientes de ajo**, picados
250 g de **arroz** *risotto*
1,2 litros de **caldo vegetal**
caliente
2 cucharaditas de **pesto**
125 g de **judías verdes**
extrafinas congeladas
125 g de **guisantes** congelados
sal y **pimienta**

para **decorar**
virutas de **queso parmesano**
hojas de **albahaca**

Precaliente la olla eléctrica de cocción lenta, en caso necesario; consulte las instrucciones del fabricante. Caliente la mantequilla y el aceite en una sartén; añada la cebolla y fríala, sin dejar de remover, durante 5 minutos, o hasta que esté blanda y empiece a dorarse.

Incorpore, mientras remueve, el ajo y el arroz, y cueza durante 1 minuto. Añada el caldo, a excepción de 150 ml; salpimiente y llévelo a ebullición. Viértalo en el recipiente extraíble de la olla; coloque la tapa y cueza a temperatura baja de 1 hora 45 minutos a 2 horas.

Agregue, sin dejar de remover, el pesto y el resto del caldo, en caso de necesitar más líquido. Coloque las verduras congeladas por encima del arroz; retire la tapa y cueza de 20 a 30 minutos más, o hasta que las verduras estén calientes. Sírvalo decorado con virutas de queso parmesano y hojas de albahaca.

Para preparar un *risotto* de judías verdes con salvia y panceta, añada 75 g de panceta o beicon ahumado en dados en el momento de freír la cebolla picada. Agregue 2 tallos de salvia a la mezcla en el instante de añadir el caldo, en lugar del pesto. Sustituya las hojas de albahaca por algunas hojas de salvia muy pequeñas.

ensalada templada
de judías y remolacha

4-5 raciones

tiempo de preparación
25 minutos
temperatura de cocción **baja**
tiempo de cocción
3 horas 30 minutos-
4 horas 30 minutos

1 cucharada de **aceite de oliva**
1 **cebolla** grande, picada
500 g de **remolacha** cruda,
   pelada y en dados pequeños
2 latas de 410 g de **judías**
   borlotti, enjuagadas
   y escurridas
450 ml de **caldo vegetal**
sal y **pimienta**

para **servir**
¼ de **pepino**, en dados
   pequeños
200 g de **yogur natural**
1 **lechuga iceberg**
4 **cebolletas** rojas o blancas
   cocinadas al vapor,
   en rodajas muy finas
4 cucharadas de hojas frescas
   de **cilantro** o de **menta**
   picadas

Precaliente la olla eléctrica de cocción lenta, en caso necesario; consulte las instrucciones del fabricante. Caliente el aceite en una sartén; añada la cebolla y fríala, sin dejar de remover, durante 5 minutos, o hasta que se dore ligeramente. Agregue la remolacha junto con las judías escurridas, el caldo y abundante sal y pimienta, y llévelo a ebullición, sin dejar de remover.

Pase la mezcla de la remolacha al recipiente de la olla; coloque la tapa y cueza a temperatura baja de 3 horas 30 minutos a 4 horas 30 minutos o hasta que la remolacha esté tierna. Remueva bien y saque el recipiente extraíble de la olla.

Incorpore, sin dejar de remover, el pepino al yogur natural y salpimiente. Coloque las hojas de lechuga en 4 o 5 fuentes individuales. Cubra con la ensalada de remolacha templada y, a continuación, agregue cucharadas del yogur con pepino. Esparza por encima las cebolletas y el cilantro o la menta y sírvala.

Para preparar una ensalada templada de remolacha con queso feta y tomates, elabore la ensalada como se indica en la receta. Mezcle 125 g de queso feta desmenuzado con 2 tomates cortados en dados. Retire el corazón y las semillas y trocee en dados ½ pimiento rojo o naranja y mézclelo con el queso y los tomates. Agregue 4 cucharadas de menta picada y 2 cucharadas de aceite de oliva. Viértalo con una cuchara por encima de la ensalada templada y cubra con 50 g de hojas de roqueta.

curry de huevos y boniatos

4 raciones
tiempo de preparación
  15 minutos
temperatura de cocción **baja**
tiempo de cocción **6-8 horas**

1 cucharada de **aceite de girasol**
1 **cebolla**, picada
1 cucharadita de **semillas de comino**, ligeramente majadas
1 cucharadita de **cilantro molido**
1 cucharadita de **cúrcuma**
1 cucharadita de *garam masala*
½ cucharadita de **guindillas rojas secas** majadas
300 g de **boniatos**, en dados
2 **dientes de ajo**, picados finos
400 g de **tomates triturados** de lata
410 g de **lentejas** de lata escurridas
300 ml de **caldo vegetal**
1 cucharadita de **azúcar blanquilla**
6 **huevos**
150 g de **guisantes** congelados
150 ml de **crema de leche espesa**
1 puñado pequeño de **cilantro**, picado
sal y **pimienta**

Precaliente la olla eléctrica de cocción lenta, en caso necesario; consulte las instrucciones del fabricante. Caliente el aceite en una sartén; añada la cebolla y fríala, sin dejar de remover, durante 5 minutos, o hasta que esté blanda y empiece a dorarse.

Incorpore, mientras remueve, las especias, las guindillas secas, los boniatos y el ajo y fríalos durante 2 minutos. Añada los tomates, las lentejas, el caldo y el azúcar y salpimiente. Llévelo a ebullición, sin dejar de remover; viértalo con una cuchara en el recipiente extraíble de la olla, coloque la tapa y cueza a temperatura baja de 6 a 8 horas.

Ponga los huevos en una cacerola pequeña, cuando esté casi listo para servir; cubra con agua fría, llévelo a ebullición y hierva durante 8 minutos. Escúrralos, pélelos y enfríelos bajo un chorro de agua fría. Córtelos por la mitad y, a continuación, agréguelos a la olla de cocción lenta junto con los guisantes, la crema de leche y la mitad del cilantro. Coloque la tapa y cueza a temperatura baja durante 15 minutos.

Páselo a cuencos con la ayuda de una cuchara; decore con el resto del cilantro y sírvalo acompañado de arroz o de pan plano hindú, si lo desea.

Para preparar un curry de queso *paneer* con boniato, elabore el curry como se indica en la receta y añada 400 g de queso *paneer* hindú, en lugar de los huevos duros y reduzca la cantidad de guisantes a 100 g; agregue la misma cantidad de mazorcas de maíz mini, cortadas por la mitad, en caso necesario.

pudín de castañas y champiñones

4 raciones
tiempo de preparación
45 minutos
temperatura de cocción **alta**
tiempo de cocción **5-6 horas**

para la **salsa**
15 g de **mantequilla**
1 cucharada de **aceite de girasol**
1 **cebolla**, picada fina
1 cucharada de **harina**
300 ml de **caldo vegetal**
5 cucharadas de **oporto ruby**
1 cucharadita de **mostaza
de Dijon**
1 cucharadita de **puré de tomate**
sal y **pimienta**

para la **masa**
300 g de **harina con levadura**
½ cucharadita de **sal**
150 g de **manteca**
2 cucharadas de hojas
de **romero** picadas finas
200 ml aproximadamente
de **agua**

para el **relleno**
1 **champiñón**, laminado
125 g de **setas**, laminadas
200 g de **castañas** enteras
envasadas al vacío

Precaliente la olla eléctrica de cocción lenta, en caso necesario; consulte las instrucciones del fabricante. Para preparar la salsa, caliente la mantequilla y el aceite en una sartén grande; añada la cebolla y fríala durante 5 minutos. Incorpore la harina y el caldo, el oporto, la mostaza y el puré de tomate. Salpimiente, llévelo a ebullición y apague el fuego.

Para elaborar la masa, mezcle la harina, la sal, la manteca y el romero y vaya añadiendo agua fría hasta obtener una textura homogénea. Trabaje la masa ligeramente y extiéndala sobre una superficie enharinada formando un círculo de 33 cm de diámetro. Corte un cuarto del círculo de masa y resérvelo.

Introduzca el resto de la masa en un molde engrasado con aceite con capacidad para 1,25 litros y una los extremos, superponiéndolos de forma que el molde quede completamente forrado con la masa y presiónela para cerrarla. Ponga por capas la salsa, los champiñones y las castañas; y termine con la salsa.

Trabaje la masa reservada formando un círculo del tamaño de la parte superior del molde. Humedezca los bordes de la masa con un poco de agua y coloque la tapa, ejerciendo presión. Cubra con papel de aluminio engrasado en aceite y ahuéquelo ligeramente. Átelo con una cuerda e introdúzcalo en el recipiente extraíble de la olla de cocción lenta.

Vierta agua hirviendo en el recipiente de la olla hasta llegar a la mitad de la altura de los laterales del molde, coloque la tapa y cueza a temperatura alta durante 5 o 6 horas.

Para preparar un pudín con escalonias y madeira al romero, elabore la salsa como se indica en la receta con 1 cebolla picada fina y agregue 5 cucharadas de madeira, en lugar del oporto. Sustituya las castañas peladas por escalonias.

tian de calabacín y espinacas

4 raciones
tiempo de preparación
20 minutos
temperatura de cocción **alta**
tiempo de cocción
1 hora 30 minutos-2 horas

50 g de **arroz largo**
mantequilla para engrasar
1 **tomate**, cortado en rodajas
1 cucharada de **aceite de oliva**
½ **cebolla**, picada
1 **diente de ajo**, picado fino
1 **calabacín**, de unos 175 g,
 rallado grueso
125 g de **espinacas**, en tiras
 gruesas
3 **huevos**
6 cucharadas de **leche**
una pizca de **nuez moscada**,
 rallada
4 cucharadas de **menta** picada
sal y **pimienta**

Precaliente la olla eléctrica de cocción lenta, en caso necesario; consulte las instrucciones del fabricante. Lleve a ebullición una cacerola pequeña con agua; agregue el arroz, y hiérvalo de 8 a 10 minutos, o hasta que esté tierno. Mientras tanto, engrase con mantequilla el interior de un molde de suflé con un diámetro de 14 cm y una altura de 9 cm. Forre la base con papel antiadherente para horno y coloque encima las rodajas de tomate superpuestas.

Caliente el aceite en una sartén grande; añada la cebolla y fríala durante 5 minutos. Incorpore, mientras remueve, el ajo y, a continuación, el calabacín y las espinacas; cueza durante 2 minutos, o hasta que las espinacas se pongan mustias.

Bata los huevos junto con la leche, la nuez moscada y un poco de sal y pimienta. Escurra el arroz e incorpórelo, sin dejar de remover, a la mezcla de espinacas junto con la preparación de huevos y la menta. Distribúyalo en el molde. Cubra, sin ejercer presión, con papel de aluminio engrasado con mantequilla e introdúzcalo en el recipiente extraíble por las asas de papel de aluminio (*véase* pág. 15).

Vierta agua hirviendo en el recipiente de la olla hasta llegar a la mitad de la altura de la fuente; coloque la tapa y cueza a temperatura alta de 1 hora 30 minutos a 2 horas, o hasta que el *tian* esté cuajado por el centro. Retírelo de la olla de cocción lenta; deje que repose durante 5 minutos, quite el papel de aluminio, despegue los bordes y vuélquelo en una fuente de servir. Córtelo en cuñas.

Para preparar un *tian* de piñones y espinacas al queso, prescinda del calabacín e incorpore 50 g de parmesano recién rallado, un puñado de albahaca picada y 4 cucharadas de piñones tostados.

dum aloo

4 raciones
tiempo de preparación
15 minutos
temperatura de cocción **alta**
tiempo de cocción
**6 horas 15 minutos-
7 horas 15 minutos**

2 cucharadas de **aceite
de girasol**
1 **cebolla** grande, cortada
en rodajas
1 cucharadita de **semillas
de comino**, majadas
4 **vainas de cardamomo**,
majadas
1 cucharadita de **semillas
de cebolla negra** (opcional)
1 cucharadita de **cúrcuma
molida**
½ cucharadita de **canela molida**
1 trozo de **jengibre fresco** de
2,5 cm, pelado y picado fino
400 g de **tomates triturados**
de lata
300 ml de **caldo vegetal**
1 cucharadita de **azúcar
blanquilla**
750 g de **patatas nuevas** mini
100 g de **hojas de espinacas**
mini
sal y **pimienta**
hojas de **cilantro**, para decorar
pan plano hindú, para servir

Precaliente la olla eléctrica de cocción lenta, en caso
necesario; consulte las instrucciones del fabricante. Caliente
el aceite en una sartén grande; agregue la cebolla y fríala,
sin dejar de remover, durante 5 minutos, o hasta que se dore
ligeramente.

Incorpore las semillas de comino, las vainas y las semillas del
cardamomo y de cebolla (en caso de utilizarlas), las especias
molidas y el jengibre. Cueza durante 1 minuto y, a continuación,
añada los tomates, el caldo y el azúcar; salpimiente y llévelo
a ebullición, sin dejar de remover.

Trocee las patatas en rodajas gruesas o por la mitad (si son
pequeñas), de forma que todos los pedazos tengan un tamaño
similar. Páselas al recipiente extraíble de la olla; vierta por
encima la salsa, tape y cueza a temperatura alta durante
6 o 7 horas, o hasta que las patatas estén tiernas.

Agregue las espinacas y cueza a temperatura alta durante
15 minutos más, hasta que se queden mustias. Incorpore,
sin dejar de remover, el curry y sírvalo espolvoreado con hojas
de cilantro picadas y acompañado de pan plano hindú y
un *dhal* de lentejas y arroz, si lo desea.

Para preparar *dum aloo* **con azafrán y garbanzos**, agregue
dos pizcas generosas de azafrán, en lugar de la cúrcuma,
e incorpórelo a la sartén en el momento de añadir los tomates.
Reduzca la cantidad de patatas a 500 g, escurra una lata
de garbanzos de 410 g e incorpórelos, sin dejar de remover,
a la mezcla. Viértalo por encima de la salsa caliente y cueza
como se indica en la receta.

estofado con siete verduras al estilo marroquí

4 raciones
tiempo de preparación
25 minutos
temperatura de cocción **alta**
y **baja**
tiempo de cocción
6 horas 15 minutos-
8 horas 20 minutos

2 cucharadas de **aceite de oliva**
1 **cebolla** grande, picada
2 **zanahorias**, cortadas
en rodajas
300 g de **colinabos**, cortados
en dados
1 **pimiento rojo,** sin el corazón
ni las semillas y picado
2 **dientes de ajo**, picados finos
200 g de **habas**
400 g de **tomates triturados**
de lata
3 cucharaditas de *harissa*
(pasta de guindilla marroquí)
1 cucharadita de **cúrcuma**
molida
1 trozo de **jengibre fresco**
de 2 cm, pelado y picado fino
250 ml de **caldo vegetal**
125 g de **quimgombó**,
en rodajas gruesas
sal y **pimienta**
hojas de **menta** troceadas,
para decorar

Precaliente la olla eléctrica de cocción lenta, en caso necesario; consulte las instrucciones del fabricante. Caliente el aceite en una sartén grande; añada la cebolla y fríala, sin dejar de remover, durante 5 minutos, o hasta que se dore ligeramente.

Agregue a la sartén las zanahorias y el colinabo junto con el pimiento rojo, el ajo, las habas y los tomates. Incorpore la *harissa*, la cúrcuma y el jengibre y, a continuación, viértalo por encima del caldo; salpimiente y llévelo a ebullición, sin dejar de remover.

Ponga la mezcla en el recipiente extraíble de la olla con la ayuda de una cuchara y sumerja las verduras en el caldo. Coloque la tapa y cueza a temperatura baja de 6 a 8 horas, o hasta que las verduras estén tiernas.

Incorpore, sin dejar de remover, el quimgombó; coloque la tapa y cueza a temperatura alta durante 15-20 minutos o hasta que el quimgombó esté tierno pero conserve su color verde brillante. Decore con hojas de menta y sírvalo acompañado de cuscús empapado en agua hirviendo y condimentado con aceite de oliva, jugo de limón y pasas.

Para preparar un estofado de verduras y ternera al estilo marroquí, fría la cebolla junto con 300 g de carne de ternera picada y, a continuación, agregue sólo 1 zanahoria picada y 150 g de colinabo en rodajas, el pimiento rojo, el ajo, 125 g de habas congeladas y los tomates triturados. Añada el resto de los ingredientes y cueza en la olla eléctrica de cocción lenta de 8 a 10 horas. Incorpore el quimgombó y termine como se indica en la receta.

pisto con albóndigas de requesón

4 raciones
tiempo de preparación
  25 minutos
temperatura de cocción **alta**
tiempo de cocción
  3 horas 15 minutos-4 horas

3 cucharadas de **aceite de oliva**
1 **cebolla**, picada
1 **berenjena**, cortada en rodajas
2 **calabacines**, aproximadamente
  375 g en total, cortados
  en rodajas
1 **pimiento rojo**, sin el corazón
  ni las semillas y en dados
1 **pimiento amarillo**, sin
  el corazón ni las semillas
  y en dados
2 **dientes de ajo**, picados
1 cucharada de **harina**
400 g de **tomates triturados**
  de lata
300 ml de **caldo de vegetal**
2-3 tallos de **romero**
sal y **pimienta**

para las **albóndigas**
100 g de **harina**
75 g de **requesón**
la ralladura y el jugo de 1 **limón**
1 **huevo**, batido

Precaliente la olla eléctrica de cocción lenta, en caso necesario; consulte las instrucciones del fabricante. Caliente el aceite en una sartén; añada la cebolla y la berenjena y fríalas, sin dejar de remover, durante 5 minutos, o hasta que se ablanden y comiencen a dorarse.

Incorpore, mientras remueve, los calabacines, los pimientos y el ajo y fríalos de 3 a 4 minutos. Agregue la harina y, a continuación, los tomates, el caldo, el romero y un poco de sal y pimienta. Llévelo a ebullición; vierta con una cuchara la mezcla en el recipiente extraíble de la olla, coloque la tapa y cueza a temperatura alta durante 3-4 horas o hasta que las verduras estén tiernas.

Elabore las albóndigas cuando esté casi listo para servir. Ponga en un cuenco la harina, el requesón, la ralladura de limón y un poco de sal y pimienta. Agregue el huevo y remueva hasta obtener una masa homogénea que no se pegue en los dedos. Córtela en 12 trozos y forme bolas con las manos enharinadas.

Incorpore, sin dejar de remover, el pisto y coloque las albóndigas por encima. Retire la tapa y cueza de 15 a 20 minutos, o hasta que estén ligeras y firmes al tacto. Sírvalo en cuencos con la ayuda de una cuchara y degústelo con cuchara y tenedor.

Para preparar un *chakchouka*, elabore el pisto como se indica en la receta y, una vez cocinado, presione ligeramente 4 verduras con una cuchara. Casque un huevo en el interior de cada una de ellas, tape el recipiente extraíble de la olla y cueza a temperatura alta de 10 a 15 minutos, o hasta que los huevos hayan cuajado. Sírvalo en platos llanos.

estofado de lentejas con setas variadas

4 raciones
tiempo de preparación
25 minutos
temperatura de cocción **baja**
tiempo de cocción **6-8 horas**

2 cucharadas de **aceite de oliva**,
y un poco más para servir
1 **cebolla** grande, picada
3 **dientes de ajo**, picados
400 g de **tomates triturados**
de lata
300 ml de **caldo de vegetal**
150 ml de **vino tinto**
(o más caldo)
1 cucharada de **puré de tomate**
2 cucharaditas de **azúcar
blanquilla**
125 g de **lentejas de Puy**
375 g de **champiñones**,
cortados por la mitad
o en cuatro trozos
125 g de **setas** *shiitake*,
cortadas por la mitad
si son grandes
4 **hongos** grandes,
aproximadamente
250 g en total
sal y **pimienta**

para **servir**
roqueta
virutas de **queso parmesano**
círculos de **polenta** frita

Precaliente la olla eléctrica de cocción lenta, en caso necesario; consulte las instrucciones del fabricante. Caliente el aceite en una sartén grande; añada la cebolla y fríala, sin dejar de remover, durante 5 minutos, o hasta que se dore ligeramente. Agregue el ajo, los tomates, el caldo, el vino (en caso de utilizarlo), el puré de tomate y el azúcar, y salpimiente. Añada las lentejas de Puy y llévelo a ebullición.

Ponga las setas en el recipiente extraíble de la olla; vierta por encima la mezcla de las lentejas, coloque la tapa y cueza a temperatura baja de 6 a 8 horas, removiendo una vez si fuera posible.

Sirva acompañado de roqueta, aderezada con virutas de queso parmesano y un chorrito de aceite de oliva, y círculos de polenta frita.

Para preparar queso, lentejas y setas variadas al horno, elabore y cueza las setas y la preparación de lentejas como se indica en la receta. Mezcle 3 huevos, 250 g de yogur natural, 75 g de queso feta rallado y una pizca de nuez moscada rallada. Coloque, ejerciendo presión, la mezcla de setas cocinada formando una capa homogénea y, a continuación, vierta con la ayuda de una cuchara la mezcla del yogur por encima. Añada 2 tomates cortados en rodajas y cueza a temperatura alta de 45 minutos a 1 hora y 15 minutos, hasta que la cobertura esté cuajada. Saque el recipiente extraíble de la caja protectora con ayuda de unos guantes para el horno y dore el contenido en un grill caliente, si lo desea.

ñoquis con parmesano y calabaza

4 raciones
tiempo de preparación
   20 minutos
temperatura de cocción **baja**
tiempo de cocción **6-8 horas**

1 cucharada de **aceite de oliva**
25 g de **mantequilla**
1 **cebolla**, picada fina
2 **dientes de ajo**, picados finos
2 cucharadas de **harina**
150 ml de **vino blanco** seco
300 ml de **caldo de vegetal**
2-3 tallos de **salvia**, y unos
   pocos más para decorar
   (opcional)
400 g de **calabaza**, sin semillas,
   pelada, en dados y pesada
   después de su preparación
500 g de **ñoquis**
125 ml de **crema de leche**
   espesa
queso parmesano recién rallado
sal y **pimienta**

Precaliente la olla eléctrica de cocción lenta, en caso necesario; consulte las instrucciones del fabricante. Caliente el aceite y la mantequilla en una sartén; añada la cebolla y fríala, sin dejar de remover, durante 5 minutos o hasta empiece a dorarse.

Incorpore, mientras remueve, el ajo; cuézalo durante 2 minutos y, a continuación, agregue la harina. Añada, gradualmente, el caldo y el vino y caliente, removiendo, hasta que quede homogéneo. Agregue la salvia y salpimiente.

Añada la calabaza al recipiente extraíble de la olla; vierta por encima la salsa caliente y, a continuación, sumerja la calabaza en el líquido. Coloque la tapa y cueza a temperatura baja de 6 a 8 horas.

Lleve a ebullición una cacerola grande con agua, incorpore los ñoquis y hierva durante 2 o 3 minutos, o hasta que los ñoquis floten en la superficie del agua y estén bien calientes. Vuélquelos en un colador para que se escurran.

Incorpore, sin dejar de remover, la crema de leche a la calabaza y, a continuación, los ñoquis; remueva ligeramente y sírvalos en cuencos poco hondos, cubiertos de queso parmesano y unas cuantas hojas de salvia, si lo desea.

Para preparar una pasta con calabaza y queso *dolcelatte*, elabore la mezcla de calabaza como se indica en la receta y, a continuación, cueza 250 g de macarrones o pasta *rigatoni* en una cacerola con agua hirviendo durante 10 minutos, o hasta que estén tiernos. Escúrralos e incorpore la crema de leche a la mezcla de la calabaza; viértala en la pasta, en lugar de en los ñoquis y decore con 125 g de queso *dolcelatte* en dados, en vez de con el parmesano.

remolacha caliente en vinagre

4 raciones
tiempo de preparación
15 minutos
temperatura de cocción **baja**
tiempo de cocción **6-8 horas**

1 cucharada de **aceite de oliva**
2 **cebollas rojas**, ligeramente
   picadas
1 manojo de **remolacha**,
   aproximadamente 500 g
   en total, limpia, pelada y
   cortada en dados de 1,5 cm
1 **manzana de postre** roja,
   sin el corazón ni las pepitas
1 trozo de **jengibre fresco**
   de 4 cm, pelado y picado fino
4 cucharadas de **vinagre**
   de vino tinto
2 cucharadas de **miel clara**
450 ml de **caldo vegetal**
sal y **pimienta**

para **decorar**
crema agria
eneldo

Precaliente la olla eléctrica de cocción lenta, en caso
necesario; consulte las instrucciones del fabricante.
Caliente el aceite en una sartén; añada la cebolla y
fríala, sin dejar de remover, durante 5 minutos, o hasta
que empiece a ablandarse y a dorarse.

Incorpore la remolacha; cuézala durante 3 minutos
y, a continuación, agregue la manzana, el jengibre,
el vinagre y la miel. Vierta el caldo en la mezcla; agregue
un poco de sal y pimienta y llévelo a ebullición. Vuelque la
preparación en el recipiente extraíble de la olla; sumerja
la remolacha en el líquido, coloque la tapa y cueza a
temperatura baja de 6 a 8 horas, o hasta que esté tierna.

Sirva caliente como entrante, con cucharadas de crema
agria y eneldo picado, como guarnición para cerdo o ternera
asados, o fría con lonchas de fiambre.

Para preparar remolacha caliente con naranja y carvi,
elabore el plato como se indica en la receta, pero prescinda
del jengibre y el vinagre y añada la ralladura y el jugo de
1 naranja y 1 ½ cucharaditas de semillas de carvi. Sírvala
cubierta de cucharadas de crema agria, un poco de pimentón
dulce y ralladura de naranja.

tarka dahl

4 raciones
tiempo de preparación
15 minutos
temperatura de cocción **alta**
tiempo de cocción **3-4 horas**

250 g de **lentejas rojas**
1 **cebolla**, picada fina
½ cucharadita de **cúrcuma**
½ cucharadita de **semillas de comino**, ligeramente majadas
1 trozo de **jengibre fresco** de 2 cm, pelado y picado fino
200 g de **tomates triturados** de lata
600 ml de **caldo vegetal** hirviendo
sal y **pimienta**
150 g de **yogur natural**
hojas de **cilantro** troceadas, para decorar
pan plano hindú caliente, para servir

para la **tarka**
1 cucharada de **aceite de girasol**
2 cucharaditas de **semillas de mostaza negra**
½ cucharadita de **semillas de comino**, ligeramente majadas
una pizca de **cúrcuma**
2 **dientes de ajo**, picados finos

Precaliente la olla eléctrica de cocción lenta; en caso necesario; consulte las instrucciones del fabricante. Enjuague las lentejas con abundante agua fría, escúrralas y póngalas en el recipiente extraíble de la olla junto con la cebolla, las especias, el jengibre, los tomates y el caldo hirviendo.

Salpimiente, sin dejar de remover; coloque la tapa y cueza a temperatura alta durante 3 o 4 horas, o hasta que las lentejas estén tiernas.

Elabore el *tarka* cuando estén casi listas para servir. Caliente el aceite en una sartén pequeña, agregue el resto de los ingredientes del *tarka* y fríalos, mientras remueve, durante 2 minutos. Machaque ligeramente la mezcla de lentejas y, a continuación, sírvala en cuencos con la ayuda de una cuchara, añada cucharadas de yogur y rocíelo con el *tarka*. Esparza las hojas de cilantro y sírvalo acompañado de pan plano hindú caliente.

Para preparar *tarka dahl* con espinacas, cueza las lentejas como se indica en la receta y añada 125 g de espinacas lavadas y cortadas en tiras gruesas durante los últimos 15 minutos. Fría las especias del *tarka* como se indica en la receta y agregue ¼ de cucharadita de semillas de guindilla roja seca machacadas, si lo desea.

patatas bravas

4 raciones
tiempo de preparación
15 minutos
temperatura de cocción **alta**
tiempo de cocción **4-5 horas**

2 cucharadas de **aceite de oliva**
1 **cebolla roja** grande,
  picada fina
2 **dientes de ajo**, picados finos
1 cucharadita de **pimentón
  dulce**
¼-½ cucharadita de **guindillas
  rojas secas** majadas
1 **pimiento rojo**, sin el corazón
  ni las semillas y troceado
1 **pimiento amarillo**, sin
  el corazón ni las semillas
  y troceado
400 g de **tomates triturados**
  de lata
300 ml de **caldo vegetal**
2-3 tallos de **tomillo**
50 g de **aceitunas secas**,
  sin hueso
625 g de **patatas para hornear**,
  cortadas en pedazos de 2,5 cm
sal y **pimienta**
pan crujiente, para servir

Precaliente la olla eléctrica de cocción lenta, en caso necesario; consulte las instrucciones del fabricante. Caliente el aceite en una sartén; añada la cebolla y fríala, sin dejar de remover, durante 5 minutos, o hasta que comience a dorarse.

Incorpore, mientras remueve, el ajo, el pimentón dulce, las guindillas secas y los pimientos y cueza durante 2 minutos. Agregue los tomates, el caldo, el tomillo, las aceitunas y un poco de sal y pimienta; a continuación, llévelo a ebullición.

Añada las patatas al recipiente extraíble de la olla; vierta por encima la mezcla de tomate, coloque la tapa y cueza a temperatura alta durante 4 o 5 horas, o hasta que las patatas estén tiernas. Sírvalas acompañadas de pan crujiente y de una ensalada verde aliñada, si lo desea.

Para preparar boniatos con salsa, siga los pasos que se indican en la receta, pero utilice boniatos, en lugar de patatas, y prescinda de las aceitunas. Cueza a temperatura alta durante 3 o 4 horas y sírvalos en cuencos aderezados con cucharadas de yogur griego y hojas de cilantro troceadas.

apio estofado con naranja

4-6 raciones
tiempo de preparación
   10 minutos
temperatura de cocción **alta**
tiempo de cocción **4-5 horas**

2 **corazones de apio**
la **ralladura** y el **jugo**
   de 1 **naranja** pequeña
2 cucharadas de **azúcar**
   mascabado claro
400 g de **tomates triturados**
   de lata
sal y **pimienta**

Precaliente la olla eléctrica de cocción lenta, en caso
necesario; consulte las instrucciones del fabricante. Corte
los corazones de apio por la mitad a lo largo y, a continuación,
enjuáguelos con agua del grifo para limpiarlos. Escúrralos
y póngalos en el recipiente extraíble de la olla.

Mezcle el resto de los ingredientes y viértalos por encima
del apio. Coloque la tapa y cueza a temperatura alta durante
4 o 5 horas, o hasta que el apio esté tierno. Si prefiere
una salsa más espesa, vierta el líquido del recipiente
extraíble de la olla a una cacerola y hierva a fuego fuerte
durante 4 o 5 minutos para que se reduzca. Vuélva a rociar
el apio y sírvalo como acompañamiento de pato, cerdo
o pollo asado.

Para preparar hinojo estofado con naranja, corte por
la mitad 3 bulbos de hinojo pequeños; incorpórelos al
recipiente de la olla de cocción lenta, junto con el resto
de los ingredientes, y cueza como se indica en la receta.
Esparza 50 g de picatostes tipo chapata, fritos en 2 cucharadas
de aceite de oliva hasta que queden crujientes y dorados.

pilaf de albaricoques y frutos secos

4 raciones
tiempo de preparación
25 minutos
temperatura de cocción **baja**
tiempo de cocción
3 horas-3 horas 30 minutos

1 cucharada de **aceite de oliva**
1 **cebolla** grande, picada
75 g de una mezcla de
pistachos, nueces y **avellanas**
25 g de **pipas de girasol**
200 g de **arroz integral**
1 l de **caldo vegetal**
75 g de **orejones de
albaricoque**, picados
25 g de **pasas de corinto**
1 **canela** en rama
6 **clavos**
3 hojas de **laurel**
1 cucharada de **puré de tomate**
sal y **pimienta**
surtido de frutos secos
ligeramente tostados,
para decorar

Precaliente la olla eléctrica de cocción lenta, en caso necesario; consulte las instrucciones del fabricante. Caliente el aceite en una sartén; añada la cebolla y fríala, sin dejar de remover, durante 5 minutos, o hasta que se dore ligeramente.

Agregue los frutos secos y las pipas y dórelos ligeramente. Incorpore, sin dejar de remover, el arroz y el caldo, seguido de los orejones, las especias, las hojas de laurel y el puré de tomate; a continuación, salpimiente al gusto. Llévelo a ebullición, mientras remueve.

Pase la mezcla al recipiente extraíble de la olla; coloque la tapa y cueza a temperatura baja de 3 horas a 3 horas 30 minutos, o hasta que el arroz esté tierno y el caldo se haya absorbido. Retire la canela en rama, los clavos y las hojas de laurel antes de servir y decore con más frutos secos.

Para preparar *pilaf* de albaricoques y berenjena,

caliente 3 cucharadas de aceite de oliva, agregue la cebolla y 1 berenjena cortada en rodajas y fríalas hasta que se doren ligeramente. Continúe como se indica en la receta, pero sustituya las avellanas por almendras y añada las pipas de girasol, el arroz, el caldo y sólo 50 g de los orejones, junto con 50 g de dátiles picados y sin hueso. Incorpore el resto de los ingredientes y continúe como se indica en la receta.

postres, bebidas y conservas

plátanos al ron con vainilla

4 raciones
tiempo de preparación
10 minutos
temperatura de cocción **baja**
tiempo de cocción
1 hora 30 minutos-2 horas

25 g de **mantequilla**
75 g de **azúcar mascabado claro**
la ralladura y el jugo de 1 **lima**
1 **vaina de vainilla** o 1 cucharadita de **extracto de vainilla**
3 cucharadas de **ron** blanco u **oscuro**
200 ml de **agua hirviendo**
6 **plátanos** pequeños, pelados y cortados por la mitad a lo largo
ralladura de **lima**, para decorar

Precaliente la olla eléctrica de cocción lenta, en caso necesario; consulte las instrucciones del fabricante. Añada al recipiente extraíble de la olla, precalentado, la mantequilla, el azúcar, la ralladura y el jugo de lima y remueva hasta que la mantequilla se haya derretido.

Corte la vaina de vainilla a lo largo, ábrala con un cuchillo pequeño afilado y raspe las diminutas semillas negras de su interior. Agréguelas, junto con la vaina o el extracto de vainilla, en caso de utilizarlo, al recipiente de la olla de cocción lenta junto con el ron y el agua hirviendo.

Añada los plátanos al recipiente de la olla, colocándolos en una sola capa y sumergiéndolos en el líquido. Coloque la tapa y cueza a temperatura baja de 1 hora 30 minutos a 2 horas, o hasta que los plátanos estén calientes.

Sirva con una cuchara la salsa de ron y los plátanos en platos y decore con ralladura de lima y bolas de helado de vainilla, si lo desea.

Para preparar piña al brandy, elabore el almíbar de vainilla como se indica en la receta, pero sustituya el ron por brandy. Corte la parte superior de una piña mediana, retírele la piel, córtela en rodajas y, a continuación, corte por la mitad cada rodaja, desechando el corazón. Sumérjala en el almíbar. Coloque la tapa y cueza como se indica en la receta.

flanes

4 raciones

tiempo de preparación
   20 minutos, más tiempo
   de refrigeración
temperatura de cocción **baja**
tiempo de cocción
   **2 horas 30 minutos-
   3 horas 30 minutos**

mantequilla, para engrasar
125 g de **azúcar granulado**
125 ml de **agua**
2 cucharadas de **agua** hirviendo
2 **huevos**
3 **yemas de huevo**
400 g de **leche condensada**
125 ml de **leche semidesnatada**
la ralladura de ½ **limón** pequeño

Precaliente la olla eléctrica de cocción lenta, en caso necesario; consulte las instrucciones del fabricante. Engrase ligeramente 4 moldes de flan individuales de 250 ml. Ponga el azúcar y el agua en una cacerola pequeña y caliente, a fuego lento y removiendo, hasta que el azúcar se haya disuelto.

Suba el fuego y cueza el almíbar durante 5 minutos, sin remover, hasta que se dore. Retire la cacerola del fuego, añada el agua hirviendo y manténgase bien alejado. Incline la cacerola para mezclarlo y, cuando las burbujas hayan desaparecido, viértalo en los moldes de flan, inclinándolos para que el caramelo cubra la base y los laterales.

Ponga en un cuenco los huevos y las yemas de huevo y bata con un tenedor. Vierta la leche condensada y la leche fresca en una cacerola; llévelas a ebullición y, a continuación, incorpórelas a la mezcla de huevos, sin dejar de batir, hasta que quede homogénea. Vuelva a verterla a la cazuela e incorpore la ralladura de limón.

Póngala en los moldes de flan cubiertos de caramelo y, a continuación, pase los moldes al recipiente extraíble de la olla. Cubra la superficie de los moldes con un cuadrado de papel de aluminio; vierta agua caliente alrededor de los moldes hasta llegar a la mitad de su altura y coloque la tapa y cueza a temperatura baja de 2 horas 30 minutos a 3 horas 30 minutos, o hasta que las natillas cuajen y tiemblen ligeramente por el centro. Saque los moldes de la olla de cocción lenta, deje que se enfríen e introdúzcalos en el frigorífico de 3 a 4 horas o toda la noche.

Sumerja la base de los moldes en agua hirviendo durante 10 segundos; despegue la parte superior de los flanes con la yema del dedo y vuélquelos sobre los platos.

peras al azafrán con chocolate

4 raciones
tiempo de preparación
   20 minutos
temperatura de cocción **baja**
tiempo de cocción **3-4 horas**

300 ml de **zumo de manzana**
   turbio
3 cucharadas de **azúcar
   blanquilla**
una pizca generosa de **azafrán**
4 **vainas de cardamomo**,
   ligeramente majadas
4 **peras**, maduras y firmes

para la **salsa de chocolate**
4 cucharadas de **crema
   de chocolate con avellanas**
2 cucharadas de **crema
   de leche espesa**
2 cucharadas de **leche**

Precaliente la olla eléctrica de cocción lenta, en caso necesario; consulte las instrucciones del fabricante. Vierta en una cacerola pequeña el jugo de manzana y agregue el azúcar, el azafrán y las vainas de cardamomo junto con sus diminutas semillas negras. Llévelo a ebullición y, a continuación, viértalo en el recipiente extraíble de la olla.

Corte las peras por la mitad a lo largo, sin retirarles el pedúnculo, y, a continuación, pélelas. Retíreles los corazones con un sacabolas o con una cucharilla. Agregue las peras al recipiente de la olla, y sumérjalas en el líquido. Coloque la tapa y cueza a temperatura baja durante 3 o 4 horas, o hasta que las peras estén tiernas y adquieran un tono amarillo claro.

Ponga en una cacerola pequeña todos los ingredientes de la salsa y caliéntelos, sin dejar de remover, hasta que la mezcla quede homogénea, cuando estén casi listas para servir. Pase las peras y un poco de la salsa de azafrán, con la ayuda de una cuchara, a platos poco hondos, vierta la salsa de chocolate en una jarrita pequeña para que los comensales la rocíen por encima de las peras justo antes de consumirlas. Termine con una cucharada de helado o crema fresca, si lo desea.

Para preparar peras con especias al vino tinto, caliente 150 ml de vino tinto junto con la misma cantidad de agua, 50 g de azúcar blanquilla, la corteza de ½ naranja pequeña, 1 trozo de canela en rama, cortada por la mitad, y 4 clavos. Viértalo en el recipiente extraíble de la olla; agregue 4 peras cortadas por la mitad, peladas y sin corazón; a continuación, coloque la tapadera y cueza como se indica en la receta. Sírvalas acompañadas de crema fresca.

natillas de limón

Precaliente la olla eléctrica de cocción lenta, en caso necesario; consulte las instrucciones del fabricante. Ponga en un cuenco los huevos, las yemas, el azúcar y la ralladura de limón y bata hasta que todo esté mezclado.

Vierta la crema en una cacerola pequeña; llévela a ebullición y, a continuación, incorpore, sin dejar de batir y gradualmente, la mezcla de huevos. Cuele el jugo de limón e incorpórelo, mientras remueve, a la mezcla de crema.

Vuelque la mezcla en 6 tazas de café pequeñas e introdúzcalas en el recipiente extraíble de la olla. Vierta agua caliente en el recipiente hasta llegar a la mitad de la altura de las tazas. Cubra, sin ejercer presión, la parte superior de las tazas con papel de aluminio, coloque la tapa y cueza a temperatura baja de 2 horas a 2 horas 30 minutos, o hasta que las natillas hayan cuajado.

Retire las tazas cuidadosamente de la olla eléctrica de cocción lenta con la ayuda de un paño de cocina y espere a que se enfríen. Introdúzcalas en el frigorífico de 3 a 4 horas o toda la noche.

Coloque las tazas en sus respectivos platos de café y decore las natillas con arándanos.

Para preparar natillas de lima con flores de saúco, elabore las natillas como se indica en la receta, pero añada la ralladura y el jugo de 2 limas y 2 cucharadas de jarabe de flor de saúco sin diluir, en lugar de la ralladura y el jugo de limón. Cuézalas en tazas de café y, a continuación, sírvalas refrigeradas con fresas frescas rociadas con un poco más de jarabe de flor de saúco.

bizcochos de chocolate

4 raciones
tiempo de preparación
20 minutos
temperatura de cocción **alta**
tiempo de cocción
1 hora 15 minutos-
1 hora 30 minutos

125 g de **chocolate negro**,
    más 8 cuadraditos
75 g de **mantequilla**
2 **huevos**
2 **yemas de huevo**
75 g de **azúcar blanquilla**
½ cucharadita de **extracto**
    de vainilla
40 g de **harina**

para **decorar**
azúcar de lustre, tamizado
mininubes de colores claros
helado de vainilla
    o **crema fresca**

Precaliente la olla eléctrica de cocción lenta, en caso necesario; consulte las instrucciones del fabricante. Trocee los 125 g de chocolate y póngalo en una cacerola junto con la mantequilla y caliente a fuego lento, removiendo de vez en cuando, hasta que se haya fundido. Retírelo del fuego y resérvelo.

Bata los huevos, las yemas, el azúcar y el extracto de vainilla en un cuenco grande con una batidora eléctrica de 3 a 4 minutos, hasta obtener una mezcla ligera y espumosa. Agregue, sin dejar de remover, la preparación de chocolate fundido.

Tamice la harina en la mezcla del chocolate. Viértalo en 4 moldes metálicos de flan individuales de 250 ml, engrasados con mantequilla y con las bases forradas con papel sulfurizado. Coloque, presionando, 2 trozos de chocolate en el centro de cada uno y cubra los bordes superiores, sin ejercer presión, con cuadrados de papel de aluminio engrasados con mantequilla.

Pase los moldes al recipiente extraíble de la olla y vierta agua hirviendo hasta que cubra la mitad de la altura de los moldes. Coloque la tapa y cueza a temperatura alta de 1 hora 15 minutos a 1 hora 30 minutos.

Despegue los bizcochos con un cuchillo, vuélquelos en platos de servir poco hondos y retire el papel. Espolvoree con el azúcar de lustre tamizado y sírvalos acompañados de nubes y cucharadas de helado de vainilla o crema fresca.

Para preparar bizcochos de chocolate con cerezas al brandy, empape 8 cerezas negras de lata, escurridas y sin hueso, en 1 cucharada de brandy durante al menos 2 horas, o más tiempo si fuera posible. Elabore la mezcla de los bizcochos de chocolate e incorpore 2 cerezas en el centro, en lugar de los trozos de chocolate.

pastel de ciruelas y polenta

6 raciones
tiempo de preparación
30 minutos
temperatura de cocción **alta**
tiempo de cocción **3 horas-**
3 horas 30 minutos

150 g de **mantequilla**,
a temperatura ambiente,
y un poco más para engrasar
200 g de **ciruelas** rojas dulces,
sin hueso y cortadas por
la mitad
150 g de **azúcar blanquilla**
2 **huevos**, batidos
100 g de **almendras molidas**
50 g de **polenta** (sémola de maíz)
½ cucharadita de **levadura**
la ralladura y el jugo
de ½ **naranja**

para **decorar**
2 cucharadas de **almendras
laminadas** tostadas
azúcar de lustre tamizado

Precaliente la olla eléctrica de cocción lenta, en caso necesario; consulte las instrucciones del fabricante. Engrase con mantequilla una fuente ovalada o circular de 1,2 litros y resistente al calor, que encaje con holgura en el recipiente extraíble de la olla, y forre la base con un trozo de papel sulfurizado. Coloque las mitades de las ciruelas con el lado del corte hacia abajo.

Mezcle la mantequilla y el azúcar en un cuenco hasta obtener una crema suave y esponjosa. Añada a la preparación los huevos y las almendras molidas. Incorpore, removiendo, la polenta, la levadura y la ralladura y el jugo de la naranja y bata hasta obtener una mezcla homogénea.

Vierta la preparación sobre las ciruelas y alísela con un cuchillo. Cubra la fuente con papel de aluminio engrasado con mantequilla y colóquela sobre un platillo boca abajo o 2 moldes circulares individuales en el recipiente de la olla de cocción lenta. Ponga agua hirviendo en el recipiente hasta que cubra la mitad de la altura de la fuente. Tape y cueza a temperatura alta de 3 horas a 3 horas 30 minutos.

Saque cuidadosamente la fuente de la olla eléctrica de cocción lenta con ayuda de un paño de cocina. Retire el papel de aluminio y espere a que se enfríe ligeramente. Vuelque el pastel en una fuente de servir. Quite el papel, espolvoree la superficie con las almendras laminadas tostadas y un poco de azúcar de lustre tamizado para decorar. Córtelo en cuñas y sírvalo templado o frío.

Para preparar un pastel de manzana y polenta, siga los pasos que se indican en la receta, pero sustituya las ciruelas por 2 manzanas de postre braebum, peladas, sin el corazón y cortadas en rodajas gruesas, y aderece con la ralladura y el jugo de ½ limón.

pudines de piña invertidos

4 raciones
tiempo de preparación
20 minutos
temperatura de cocción **alta**
tiempo de cocción
2 horas-2 horas 30 minutos

mantequilla, para engrasar
4 cucharadas de **azúcar caramelizado**
2 cucharadas de **azúcar mascabado claro**
220 g de **piña** en almíbar, escurrida y picada
40 g de **cerezas confitadas**, ligeramente majadas

para el **bizcocho**
50 g de **mantequilla**, a temperatura ambiente, o margarina ablandada
50 g de **azúcar blanquilla**
50 g de **harina con levadura**
25 g de **coco rallado**
1 **huevo**
1 cucharada de **leche**

Precaliente la olla eléctrica de cocción lenta, en caso necesario; consulte las instrucciones del fabricante. Engrase ligeramente con mantequilla 4 moldes metálicos para flan individuales de 250 ml, con las bases forradas con un círculo de papel antiadherente para el horno. Añada a las bases de cada uno 1 cucharada de azúcar caramelizado y ½ cucharada de azúcar y, a continuación, agregue tres cuartos de la piña y las cerezas.

Para elaborar el bizcocho, ponga en un cuenco todos los ingredientes, junto con el resto de la piña, y bata hasta que la mezcla quede suave y homogénea.

Vierta la preparación en los moldes para flan, y alise la superficie con la parte trasera de una cuchara; cubra la superficie de cada uno, sin ejercer presión, con papel de aluminio engrasado con mantequilla; introduzca los moldes en el recipiente extraíble de la olla y, a continuación, vierta agua hirviendo en el recipiente hasta que cubra la mitad de la altura de los moldes. Tape y cueza a temperatura alta de 2 horas a 2 horas 30 minutos, o hasta que el bizcocho haya subido lo bastante y se encoja al presionarlo con el dedo.

Retire el papel de aluminio, libere los bordes de los pudines con un cuchillo de hoja redondeada y vuélquelos en cuencos poco profundos. Retire el papel y sírvalos acompañados de natillas calientes, si lo desea.

Para preparar pudines de ciruelas y almendras añada, como en la receta, el azúcar caramelizado y el azúcar a la base de los moldes; agregue 4 ciruelas rojas sin hueso cortadas en rodajas, en lugar de la piña y las cerezas. Elabore el bizcocho como en la receta, pero prescinda del coco y añada unas cuantas gotas de esencia de almendras.

pudín de pan y mantequilla al chocolate

4-5 raciones
tiempo de preparación
  35 minutos
temperatura de cocción **baja**
tiempo de cocción
  4 horas-4 horas 30 minutos

½ **barra de pan francés,**
  en rebanadas finas
50 g de **mantequilla,**
  a temperatura ambiente
100 g de **chocolate blanco,**
  picado
4 **yemas de huevo**
50 g de **azúcar blanquilla,** más
  3 cucharadas para caramelizar
150 ml de **crema de leche**
  espesa
300 ml de **leche**
1 cucharadita de **extracto**
  de vainilla

para el **jugo concentrado**
  de arándanos
125 g de **arándanos**
1 cucharada de **azúcar**
  blanquilla
4 cucharadas de **agua**

para **decorar**
unos cuantos **arándanos**
un poco de **chocolate blanco,**
  picado

Precaliente la olla eléctrica de cocción lenta, en caso necesario; consulte las instrucciones del fabricante. Unte las rebanadas de pan francés con la mantequilla. Coloque el pan por capas en una fuente de 1,2 litros y resistente al calor, que encaje holgadamente en el recipiente extraíble de la olla dejando un hueco de al menos 1,5 cm alrededor. Espolvoree el chocolate blanco picado entre las capas de pan.

Bata en un cuenco con un tenedor las yemas de huevo y el azúcar. Vierta la crema de leche y la leche en una cacerola y llévela a ebullición. Incorpórelas, gradualmente y sin dejar de batir, a la mezcla de huevo y, a continuación, agregue, removiendo, el extracto de vainilla.

Vierta la preparación de crema de leche sobre las rebanadas de pan y deje que repose durante 10 minutos.

Cubra la superficie de la fuente con papel de aluminio; introdúzcala en el recipiente extraíble de la olla, utilizando el papel de aluminio a modo de asas o una cuerda para levantarlo (*véase* pág. 15). Vierta agua caliente alrededor de la fuente hasta cubrir la mitad de su altura; tape y cueza a temperatura baja de 4 horas a 4 horas 30 minutos o hasta que cuaje.

Mientras tanto, elabore el jugo concentrado de arándanos. Triture los arándanos junto con el azúcar y el agua hasta obtener una mezcla homogénea. Viértala en una jarrita y resérvela.

Saque cuidadosamente la fuente de la olla eléctrica de cocción lenta, retire el papel de aluminio y espolvoree la superficie del pudín con el resto del azúcar. Caramelice el azúcar en el grill caliente o con un soplete de cocina. Para servir, pase el pudín a cuencos y espolvoree con más arándanos y un poco de chocolate blanco. Remueva el zumo concentrado de arándanos y viértalo alrededor del pudín.

pastel glaseado de limón con semillas de amapola

6-8 raciones
tiempo de preparación
25 minutos
temperatura de cocción **alta**
tiempo de cocción
4 horas 30 minutos-5 horas

125 g de **mantequilla**,
  a temperatura ambiente,
  y un poco más para engrasar
125 g de **azúcar blanquilla**
2 **huevos**, batidos
125 g de **harina con levadura**
2 cucharadas de **semillas
  de amapola**
la ralladura y el jugo de 1 **limón**
virutas de corteza de **limón**,
  para decorar
crema fresca, para servir

para el **almíbar de limón**
el jugo de 1 ½ **limón**
125 g de **azúcar blanquilla**

Precaliente la olla eléctrica de cocción lenta, en caso necesario; consulte las instrucciones del fabricante. Engrase con mantequilla una fuente de suflé de 14 cm de diámetro y 9 cm de altura, y forre la base con papel antiadherente para el horno.

Mezcle en un cuenco la mantequilla y el azúcar. Añada a la preparación sin dejar de batir y alternando, cucharadas del huevo batido y la harina, y continúe agregando y batiendo hasta que la mezcla quede homogénea. Incorpore, sin dejar de remover, las semillas de amapola y la ralladura de limón; a continuación, vierta el preparado con una cuchara en la fuente de suflé y alise la superficie. Cubra la fuente, sin ejercer presión, con papel de aluminio engrasado con mantequilla y colóquela en el recipiente extraíble de la olla, utilizando el papel de aluminio a modo de asas (*véase* pág. 15).

Vierta agua hirviendo en el recipiente de la olla de cocción lenta hasta que llegue a la mitad de la altura de la fuente. Coloque la tapa y cueza a temperatura alta de 4 horas 30 minutos a 5 horas.

Saque la fuente del recipiente extraíble. Retire el papel de aluminio y despegue los bordes del pastel. Vuelque el pastel en una fuente o plato llano. Caliente a fuego fuerte el jugo de limón y el azúcar para elaborar el almíbar; en cuanto el azúcar se haya disuelto, vierta el almíbar por encima del pastel. Espere a que se enfríe y a que el almíbar se absorba. Córtelo en raciones y sírvalo acompañado de cucharadas de crema fresca y decorado con ralladura de limón.

Para preparar un pastel glaseado con cítricos, prescinda de la ralladura de limón y las semillas de amapola e incorpore las ralladuras de ½ limón, ½ lima y ½ naranja pequeña. Hornee y elabore el almíbar con el jugo de las frutas ralladas y el azúcar.

pudín de manzana caramelizada

4-5 raciones
tiempo de preparación
  30 minutos
temperatura de cocción **alta**
tiempo de cocción
  3 horas-3 horas 30 minutos

50 g de **mantequilla**, en dados,
  y un poco más para engrasar
150 g de **harina con levadura**
100 g de **azúcar mascabado
  oscuro**
2 **huevos**
2 cucharadas de **leche**
1 **manzana de postre**,
  sin el corazón y muy picada
helado de vainilla, **crema fresca**
  o **crema de leche**, para servir

para la **salsa**
125 g de **azúcar mascabado
  oscuro**
25 g de **mantequilla**, en dados
300 ml de **agua** hirviendo

Precaliente la olla eléctrica de cocción lenta, en caso necesario; consulte las instrucciones del fabricante. Engrase con mantequilla el interior de una fuente de suflé de 14 cm de diámetro y 9 cm de altura. Ponga en un cuenco la harina, añada la mantequilla y mezcle con las puntas de los dedos hasta que la mezcla se asemeje a las migas de pan. Incorpore, sin dejar de remover, el azúcar y, a continuación, los huevos y la leche, hasta que obtenga una mezcla homogénea. Agregue la manzana.

Ponga la mezcla en la fuente de suflé y alise la superficie. Espolvoree el azúcar y añada los 25 g de mantequilla. Vierta el agua hirviendo y cubra, sin ejercer presión, con papel de aluminio.

Introduzca cuidadosamente la fuente en el recipiente extraíble de la olla, utilizando una cuerda o papel de aluminio a modo de asas (*véase* pág. 15). Vierta agua hirviendo en el recipiente de la olla de cocción lenta hasta que cubra la mitad de la altura de la fuente de suflé. Coloque la tapa y cueza a temperatura alta de 3 horas a 3 horas 30 minutos, o hasta que el bizcocho haya subido y la salsa de alrededor de los bordes esté hirviendo.

Saque cuidadosamente la fuente de la olla eléctrica de cocción lenta. Retire el papel de aluminio y despegue los lados del bizcocho. Cubra con un plato que tenga el tamaño suficiente para recoger la salsa y, a continuación, dé la vuelta al bizcocho y retire la fuente de suflé. Sírvalo acompañado de cucharadas de helado de vainilla, crema fresca o crema de leche.

Para preparar un pudín de plátano, elabore el pudin como se indica en la receta, pero sustituya la manzana picada por 1 plátano pequeño, maduro y ligeramente triturado y ½ cucharadita de canela molida.

pastel de jengibre glaseado al estilo jamaicano

6 raciones
tiempo de preparación
25 minutos
temperatura de cocción **alta**
tiempo de cocción
4 horas 30 minutos-5 horas

100 g de **mantequilla**,
  y un poco más para engrasar
100 g de **azúcar mascabado oscuro**
100 g de **almíbar dorado**
100 g de **dátiles**, sin hueso
  y picados
100 g de **harina integral**
100 g de **harina con levadura**
½ cucharadita de **bicarbonato**
2 cucharaditas de **jengibre molido**
3 trozos de **tallo de jengibre**,
  escurridos de su almíbar,
  2 picados y 1 en tiras
2 huevos, batidos
100 ml de **leche**
125 g de **azúcar de lustre**
3-3 ½ cucharaditas de **agua**

Precaliente la olla eléctrica de cocción lenta en caso necesario; consulte las instrucciones del fabricante. Engrase con mantequilla una fuente de suflé de 14 cm de diámetro y 9 cm de altura y forre la base con un círculo de papel antiadherente para el horno.

Ponga en una cacerola la mantequilla, el azúcar, el almíbar y los dátiles y caliente, a fuego lento, hasta que la mantequilla y el azúcar se hayan derretido. Retire la cacerola del fuego; agregue las harinas, el bicarbonato, el jengibre, los huevos y la leche y bata hasta obtener una mezcla homogénea. Viértala en la fuente forrada y cúbrala con papel de aluminio.

Introduzca cuidadosamente la fuente en el recipiente extraíble de la olla, utilizando el papel de aluminio a modo de asas (*véase* pág. 15). Vierta agua hirviendo en el recipiente hasta que cubra la mitad de la altura de la fuente de suflé, coloque la tapa y cueza a temperatura alta de 4 horas 30 minutos a 5 horas.

Saque la fuente de la olla eléctrica de cocción lenta, deje que repose durante 10 minutos y, a continuación, retire el papel de aluminio y suelte los bordes del pastel con un cuchillo. Vuelque el pastel sobre una rejilla, retire el papel y espere a que se enfríe.

Tamice el azúcar de lustre en un cuenco e incorpore el agua necesaria para obtener un glaseado homogéneo y espeso. Viértalo por encima del pastel y decore con las tiras de jengibre. Espere a que cuaje y córtelo en raciones.

Para preparar un pastel de jengibre y plátano, prescinda de los dátiles y añada 1 plátano pequeño machacado y 1 cucharada de jugo de limón. Cueza y glasee como se indica en la receta.

pudines de chocolate y cereza

4 raciones
tiempo de preparación
25 minutos
temperatura de cocción **alta**
tiempo de cocción
1 hora 30 minutos-2 horas

50 g de **mantequilla**, y un
  poco más para engrasar
50 g de **azúcar blanquilla**
50 g de **harina con levadura**
1 **huevo**
1 cucharada de **cacao en polvo**
¼ de cucharadita de **levadura**
  en polvo
¼ de cucharadita de **canela**
  molida
425 g de **cerezas negras**
  de lata, sin hueso y escurridas

para la **salsa de chocolate**
100 g de **chocolate blanco**,
  en trozos
150 ml de **crema de leche**
  espesa

Precaliente la olla eléctrica de cocción lenta, en caso necesario; consulte las instrucciones del fabricante. Engrase con mantequilla el interior de 4 moldes metálicos para flan individuales de 250 ml y forre las bases con un círculo de papel sulfurizado.

Ponga en un cuenco la mantequilla, el azúcar, la harina, el huevo, el cacao, la levadura y la canela y bata con una cuchara de madera hasta obtener una mezcla homogénea.

Coloque 7 cerezas en la base de cada molde de flan. Pique ligeramente el resto e incorpórelas a la preparación del pudín. Vierta la mezcla en los moldes, alísela y cubra la superficie de cada uno, sin ejercer presión, con papel de aluminio. Introduzca los moldes en el recipiente extraíble de la olla y vierta agua hirviendo hasta que cubra la mitad de la altura de los moldes. Coloque la tapa y cueza a temperatura alta de 1 hora 30 minutos a 2 horas, o hasta que los pudines hayan subido lo bastante y las superficies se encojan al presionarlas con la yema del dedo. Saque los pudines del recipiente extraíble de la olla.

Para preparar la salsa, ponga en una cacerola pequeña el chocolate y la crema de leche y caliéntelas a fuego lento, removiendo de vez en cuando, hasta que este último se haya fundido. Suelte los bordes de los pudines; vuélquelos en cuencos poco hondos, retire el papel y vierta la salsa alrededor, antes de servirlos.

Para preparar pudines de almendra y cereza, elabore el bizcocho como se indica en la receta, pero prescinda del cacao y la canela molida y añada en su lugar 2 cucharadas de almendras molidas y unas cuantas gotas de esencia de vainilla. Cueza como en la receta y sírvalos acompañados de cucharadas de helado de vainilla.

cuencos de chocolate negro y café

4 raciones
tiempo de preparación
  25 minutos, más tiempo
  de refrigerado
temperatura de cocción **baja**
tiempo de cocción **3 horas-
3 horas 30 minutos**

450 ml de **leche entera**
150 ml de **crema de leche
espesa**
200 g de **chocolate negro**,
  en trozos
2 **huevos**
3 **yemas de huevo**
50 g de **azúcar blanquilla**
¼ de cucharadita de **canela
molida**
virutas de **chocolate,**
  para decorar

para **decorar**
150 ml de **crema de leche
espesa**
75 ml de **licor de crema de café**

Precaliente la olla eléctrica de cocción lenta, en caso necesario; consulte las instrucciones del fabricante. Vierta la leche y la crema de leche en una cacerola y llévela a ebullición. Retírela del fuego, añada los trozos de chocolate y espere 5 minutos, removiendo de vez en cuando, hasta que el chocolate se haya fundido.

Ponga en un cuenco los huevos, las yemas, el azúcar y la canela y bata hasta que la mezcla quede homogénea. Incorpore, gradualmente y sin dejar de batir, la leche con el chocolate caliente y, a continuación, vierta la preparación en cuencos o tazas de 250 ml.

Cubra la superficie de cada cuenco o taza con papel de aluminio, e introdúzcalos en el recipiente extraíble de la olla. Vierta agua caliente en el recipiente de la olla hasta que cubra la mitad de la altura de los cuencos o tazas. Coloque la tapa y cueza a temperatura baja de 3 horas a 3 horas 30 minutos.

Saque cuidadosamente los cuencos de la olla de cocción lenta. Deje que se enfríen a temperatura ambiente e introdúzcalos en el frigorífico durante al menos 4 horas, o hasta que se hayan enfriado.

Monte la crema de leche hasta que forme ligeros picos e incorpore, sin dejar de batir y poco a poco, el licor; vierta la mezcla sobre los postres, justo antes de servir. Esparza virutas de chocolate, antes de servir.

Para preparar cuencos de capuchino con licor de crema de café, añada 2 cucharaditas de café instantáneo a la crema y a la leche recién hervidas, en el momento de agregar el chocolate. Continúe como se indica en la receta, pero prescinda de la canela.

melocotones con marsala y vainilla

4-6 raciones
tiempo de preparación
15 minutos
temperatura de cocción **baja**
y **alta**
tiempo de cocción
1 hora 15 minutos-
1 hora 45 minutos

150 ml de **marsala** o **jerez dulce**
150 ml de **agua**
75 g de **azúcar blanquilla**
6 **melocotones**, o **nectarinas**,
maduros, firmes, cortados
por la mitad y sin el hueso
1 **vaina de vainilla**, cortada
a lo largo
2 cucharaditas de **harina**
de maíz
125 g de **frambuesas**

Precaliente la olla eléctrica de cocción lenta, en caso necesario; consulte las instrucciones del fabricante. Vierta el marsala o el jerez, el agua y el azúcar en una cacerola y llévela a ebullición.

Coloque las mitades de melocotón o de nectarina y la vaina de vainilla en el recipiente extraíble de la olla y rocíe el almíbar caliente. Coloque la tapa y cueza a temperatura baja de 1 hora a 1 hora 30 minutos, o hasta que estén calientes y tiernos.

Saque la fruta del recipiente de la olla de cocción lenta y pásela a una fuente de servir. Retire la vaina de vainilla y, a continuación, raspe las semillas con un cuchillo e incorpórelas al almíbar de la cocción. Bata la harina de maíz con un poco de agua fría hasta obtener una pasta homogénea y agréguela, sin dejar de remover, al almíbar de la cocción; cueza a temperatura alta durante 15 minutos, removiendo de vez en cuando.

Vierta el almíbar sobre la fruta, esparza las frambuesas y sirva los melocotones templados o refrigerados y acompañados de cucharadas de crema fresca o helado de vainilla, si lo desea.

Para preparar manzanas y peras escalfadas con marsala y vainilla, elabore el almíbar de marsala como se indica en la receta. Pele 3 manzanas de postre, retíreles el corazón y corte en cuatro trozos y la misma cantidad de peras no demasiado maduras. Agregue la fruta al recipiente extraíble de la olla junto con la vaina de vainilla y vierta por encima del almíbar caliente. Cueza y espéselo como se indica en la receta.

pudín navideño

6-8 raciones
tiempo de preparación
20 minutos
temperatura de cocción **alta**
tiempo de cocción **7-8 horas**
tiempo para recalentar
2 horas-2 horas 30 minutos

mantequilla, para engrasar
750 g de **frutas secas** de
primera calidad (las más
grandes, en dados)
50 g de **pistachos,** ligeramente
majados
25 g de **jengibre** glaseado o tallo
de **jengibre**, picado fino
1 **manzana de postre**, pelada,
sin el corazón y ligeramente
rallada
la ralladura y el jugo de 1 **limón**
la ralladura y el jugo de 1 **naranja**
4 cucharadas de **brandy**
50 g de **azúcar mascabado
oscuro**
50 g de **harina con levadura**
75 g de **pan rallado**
100 g de **sebo vegetal**
1 cucharadita de **una mezcla
de especias molidas**
2 **huevos**, batidos
4 cucharadas de **brandy**,
para servir (opcional)

Precaliente la olla eléctrica de cocción lenta, en caso
necesario; consulte las instrucciones del fabricante.
Compruebe que un molde de 1,5 litros encaje holgadamente
en el recipiente extraíble de la olla; engrase con mantequilla
el interior de un molde y forre la base con un círculo de
papel antiadherente para el horno.

Ponga en un cuenco grande las frutas secas, los pistachos,
el jengibre y la manzana rallada. Agregue las ralladuras y el
jugo de las frutas y el brandy y mézclelo bien. Incorpore el resto
de los ingredientes y vierta la preparación con una cuchara en
el molde engrasado, ejerciendo presión. Cúbrala con un círculo
grande de papel para el horno y, a continuación, con papel
de aluminio. Átela con una cuerda y forme un asa.

Introduzca el molde en el recipiente extraíble de la olla,
utilizando como asa el papel de aluminio (*véase* pág. 15)
y vierta agua hirviendo hasta que cubra dos tercios de
la altura del molde. Coloque la tapa y cueza a temperatura
alta durante 7 u 8 horas. Compruebe a mitad de la cocción
si debe añadir un poco más de agua hirviendo. Saque
el molde de la olla y deje que se enfríe.

Cubra con papel de aluminio, sin retirar el papel para el horno.
Vuelva a atar con una cuerda y resérvelo hasta la Navidad.

Precaliente la olla eléctrica de cocción lenta cuando esté
listo para servir; introduzca el pudín y agua hirviendo como
se indica en la receta y recaliente de 2 horas a 2 horas
30 minutos. Retire el papel de aluminio y el papel antiadherente
y saque el pudín. Caliente el brandy en una cacerola y, cuando
empiece a hervir, flambéelo con una vela y viértalo sobre
el pudín. Sírvalo con crema de leche o mantequilla al brandy.

compota de frutas de invierno

4 raciones
tiempo de preparación
   10 minutos
temperatura de cocción **baja**
tiempo de cocción
   **2 horas 30 minutos-
   3 horas 30 minutos**

300 g de **arándanos rojos**
500 g de **ciruelas rojas**, sin
   hueso y cortadas en cuatro
   trozos
200 g de **uvas rojas**, sin pepitas
   y cortadas por la mitad
4 cucharaditas de **harina de maíz**
300 ml de **jugo de uva** roja
100 g de **azúcar blanquilla**
1 trozo de **canela en rama**,
   por la mitad
la ralladura y el jugo de 1 **naranja
   pequeña**

para la **cuajada de limón**
150 ml de **crema de leche
   espesa**, ligeramente montada
3 cucharadas de **crema de limón**

Precaliente la olla eléctrica de cocción lenta, en caso necesario; consulte las instrucciones del fabricante. Ponga en el recipiente extraíble de la olla los arándanos, las ciruelas y las uvas.

Mezcle en un cuenco la harina de maíz con un poco de jugo de uva hasta obtener una preparación homogénea y, a continuación, incorpore, sin dejar de remover, el resto del jugo. Viértalo en el recipiente de la olla de cocción lenta y añada el azúcar, la canela y la ralladura de la naranja. Remueva y, a continuación, coloque la tapa y cueza a temperatura baja de 2 horas 30 minutos a 3 horas 30 minutos, o hasta que la fruta esté tierna.

Remueva, retire la canela y la ralladura de la naranja y sírvala templada o fría en cuencos y cubierta con la crema ya mezclada con la crema de limón.

Para preparar una compota de frutas, siga los pasos que se indican en la receta, pero sustituya los arándanos y las uvas por 2 peras y la misma cantidad de manzanas de postre, peladas, sin el corazón y en rodajas gruesas.

manzanas asadas con dátiles

4 raciones
tiempo de preparación
20 minutos
temperatura de cocción **baja**
tiempo de cocción **3-4 horas**

50 g de **mantequilla**,
 a temperatura ambiente
50 g de **azúcar mascabado
 claro**
½ cucharadita de **canela molida**
la ralladura y el jugo
 de ½ **naranja** pequeña
1 cucharada de **tallo de jengibre**
 escurrido o **jengibre glaseado**
 picado fino
50 g de **dátiles** picados
 y sin hueso
4 **manzanas de postre** grandes,
 firmes
150 ml de **jugo de manzana
 turbio**
crema o **natillas** calientes
 para servir

Precaliente la olla eléctrica de cocción lenta, en caso
necesario; consulte las instrucciones del fabricante.
Bata la mantequilla, el azúcar, la canela y la ralladura
de la naranja hasta obtener una mezcla homogénea;
a continuación, incorpore, sin dejar de remover, el jengibre
y los dátiles picados.

Recorte una rodaja fina de la base de las manzanas,
en caso necesario, para que permanezcan de pie
y no se vuelquen y, a continuación, corte una rodaja
gruesa de las partes superiores y resérvelas. Con
un cuchillo pequeño, retire el corazón a las manzanas
para dejar un pequeño hueco para el relleno.

Divida la mezcla de dátiles en 4 raciones e introdúzcalas
presionando en cada uno de los huecos, esparciendo la
que le sobre por la superficie del corte . Vuelva a colocar
las tapas de las manzanas e introdúzcalas en el recipiente
extraíble de la olla. Vierta el jugo de la manzana en la
base del recipiente, coloque la tapa y cueza a temperatura
baja durante 3 o 4 horas, o hasta que las manzanas estén
tiernas.

Saque cuidadosamente las manzanas de la olla eléctrica
de cocción lenta y sírvalas en platos llanos con la salsa vertida
por encima y un chorrito de crema o natillas calientes.

Para preparar manzanas asadas con cerezas al jengibre,
siga los pasos que se indican en la receta, pero prescinda
de la canela y sustituya la ralladura de naranja por ralladura de
limón y los dátiles por 50 g de cerezas confitadas picadas.

compota con mascarpone

4 raciones
tiempo de preparación
20 minutos
temperatura de cocción **alta**
tiempo de cocción
1 hora-1 hora 15 minutos

4 **nectarinas**, cortadas por la
mitad, sin hueso y con la pulpa
cortada en dados
250 g de **fresas**, cortadas por
la mitad o en cuatro trozos,
dependiendo del tamaño
50 g de **azúcar blanquilla**
la ralladura y el jugo
de 2 **naranjas**
125 ml de **agua fría**
150 g de **mascarpone**
40 g de **galletas de amaretto**

Precaliente la olla eléctrica de cocción lenta, en caso
necesario; consulte las instrucciones del fabricante.
Introduzca en el recipiente extraíble de la olla las nectarinas
y las fresas junto con 50 g del azúcar, la ralladura de 1 naranja,
el jugo de 1 naranja y ½ y el agua. Coloque la tapa y cueza
a temperatura alta de 1 hora a 1 hora 15 minutos, o hasta
que la fruta esté tierna. Sírvala templada o fría.

Mezcle el mascarpone con el resto del azúcar y la ralladura
y el jugo de naranja, justo antes de que la compota esté
lista. Reserve algunas de las galletas de amaretto para
decorar, desmenuce el resto con las yemas de los dedos
en un cuenco junto con el mascarpone y remueva para
mezclarlo. Ponga la fruta en vasos con la ayuda de una
cuchara, cubra con cucharadas de la mezcla de mascarpone
y la naranja y esparza las galletas con amaretto desmenuzadas
para decorar.

**Para preparar compota de ciruelas y arándanos rojos
con mascarpone a la naranja**, sustituya las nectarinas
y las fresas por 625 g de ciruelas, sin hueso y cortadas
en cuatro trozos, y 125 g de arándanos rojos (no es necesario
descongelarlos en caso de ser congelados). Aumente la
cantidad de azúcar a 75 g y, a continuación, siga los pasos
que se indican en la receta, pero utilice jugo de frambuesa
y de arándanos rojos, en lugar del agua, si lo desea.

confitura de mora y manzana

4 tarros de 400 g
tiempo de preparación
  20 minutos
temperatura de cocción **alta**
tiempo de cocción **4-5 horas**

1 kg de **manzanas para cocinar**,
  peladas, sin el corazón
  y picadas
500 g de **azúcar granulado**
la ralladura de 1 **limón**
2 cucharadas de **agua**
  o de **jugo de limón**
250 g de **moras**

Precaliente la olla eléctrica de cocción lenta, en caso necesario; consulte las instrucciones del fabricante. Ponga todos los ingredientes en el recipiente extraíble de la olla, siguiendo el orden que se menciona en la lista. Coloque la tapa y cueza a temperatura alta durante 4 o 5 horas, removiendo una o dos veces durante la cocción. Al finalizar la cocción, la fruta deberá estar espesa y pulposa.

Caliente 4 tarros limpios en la parte inferior de un horno, a temperatura baja. Vierta, con una cuchara, la confitura; coloque un disco encerado encima y espere a que se enfríe. Cierre cada tarro con una tapa de celofán y una goma, etiquételos y consérvelos en el frigorífico hasta un máximo de 2 meses. (El bajo contenido en azúcar de la confitura hace que no se conserve durante el mismo tiempo que la confitura convencional, por lo que deberá introducirse en el frigorífico.)

Para preparar confitura de manzana, ciruela y frutas del bosque, sustituya la mitad de las manzanas por 500 g de ciruelas rojas, sin hueso y picadas, y la mitad de las moras por 125 g de frambuesas. Cueza y conserve la confitura como se ha indicado.

crema ácida de cítricos

2 tarros de 400 g
tiempo de preparación
25 minutos
temperatura de cocción **baja**
tiempo de cocción **3-4 horas**

125 g de **mantequilla sin sal**
400 g de **azúcar blanquilla**
la ralladura y el jugo
de 2 **limones**
la ralladura y el jugo de 1 **naranja**
la ralladura y el jugo de 1 **lima**
4 **huevos**, batidos

Precaliente la olla eléctrica de cocción lenta, en caso necesario; consulte las instrucciones del fabricante.
Ponga en una cacerola la mantequilla y el azúcar; añada las ralladuras de las frutas y, a continuación, el jugo con un colador. Caliente a fuego lento durante 2 o 3 minutos, removiendo de vez en cuando, hasta que la mantequilla se haya derretido y el azúcar se haya disuelto.

Vierta la preparación en un cuenco que quepa holgadamente en el recipiente extraíble de la olla. Deje que se enfríe durante 10 minutos; incorpore gradualmente los huevos y mezcle bien. Cubra el cuenco con papel de aluminio; coloque asas de aluminio o una cuerda para levantarlo (*véase* pág. 15) en el recipiente de la olla de cocción lenta, y ponga encima el cuenco. Vierta agua caliente hasta que cubra la mitad de la altura del cuenco, coloque la tapa y cueza a temperatura baja durante 3 o 4 horas, o hasta que la mezcla esté muy espesa. Si es posible, remueva una o dos veces durante la cocción.

Caliente 2 tarros limpios en la parte inferior de un horno, a temperatura baja. Vierta con una cuchara la crema de cítricos; coloque un disco encerado encima y espere a que se enfríe. Cierre cada tarro con una tapa de rosca o con una de celofán y una goma, etiquételos y consérvelos en el frigorífico. Utilice la crema antes de que transcurran 3 o 4 semanas.

Para preparar una crema de limón, siga los pasos que se indican en la receta, pero prescinda de la naranja y la lima y emplee 3 limones, en lugar de 2. Cueza y conserve la crema como se indica en la receta.

chutney de ajo y tomate con guindillas

5 tarros de 400 g
tiempo de preparación
 30 minutos
temperatura de cocción **alta**
tiempo de cocción **6-8 horas**

1 kg de **tomates**, pelados
 y ligeramente picados
1 **cebolla** grande, picada
2 **manzanas para cocinar**,
 aproximadamente 500 g,
 peladas, sin el corazón
 y picadas
2 **pimientos rojos**, sin el corazón
 ni las semillas y en dados
75 g de **pasas**
100 ml de **vinagre de malta**
 destilado
250 g de **azúcar granulado**
2-3 **guindillas rojas** suaves,
 cortadas por la mitad,
 sin semillas y picadas finas
6-8 **dientes de ajo** picados finos
1 trozo de **canela en rama**,
 partido por la mitad
½ cucharadita de **pimienta
 de Jamaica molida**
1 cucharadita de **sal**
pimienta

Precaliente la olla eléctrica de cocción lenta, en caso necesario; consulte las instrucciones del fabricante. Ponga todos los ingredientes en el recipiente extraíble de la olla y mézclelos. Coloque la tapa y cueza a temperatura alta de 6 a 8 horas, o hasta que la preparación esté espesa y pulposa, removiendo una o dos veces.

Caliente 5 tarros limpios en la parte inferior del horno a temperatura baja. Vierta el *chutney* con la ayuda de una cuchara; coloque un disco encerado encima y espere a que se enfríe. Cierre cada tarro con una tapa de rosca y, a continuación, etiquételos y consérvelos en un lugar fresco hasta un máximo de 2 meses. Una vez abiertos los tarros, deberá introducirlos en el frigorífico.

Para preparar un *chutney* de tomates verdes con especias, sustituya los tomates por 1 kg de tomates verdes (picados y sin pelar), y la cebolla y los pimientos por 3 cebollas que pesen 500 g en total. Mezcle los tomates y las cebollas junto con las manzanas para cocinar, el vinagre, el azúcar, las guindillas y la sal. Reduzca la cantidad de dientes de ajo a 2 y sustituya la canela y la pimienta de Jamaica por 1 cucharadita de jengibre molido y la misma cantidad de cúrcuma y de clavos ligeramente machacados. Cueza y conserve el *chutney* como se indica en la receta.

ciruelas en vinagre

2 tarros de 750 ml y 1 tarro
  con cierre de goma de 500 ml
tiempo de preparación
  20 minutos
temperatura de cocción **alta**
tiempo de cocción **2 horas-
  2 horas 30 minutos**

750 ml de **vinagre de vino tinto**
500 g de **azúcar blanquilla**
7 ramitas de **romero**
7 ramitas de **tomillo**
7 **hojas de laurel** pequeñas
4 ramitas de **lavanda** (opcional)
4 **dientes de ajo**, sin pelar
1 cucharadita de **sal**
½ cucharadita de **pimienta
  en grano**
1,5 kg de **ciruelas rojas** firmes,
  lavadas y pinchadas

Precaliente la olla eléctrica de cocción lenta, en caso necesario; consulte las instrucciones del fabricante. Ponga el vinagre y el azúcar en el recipiente extraíble de la olla y agregue 4 ramitas de romero y 4 de tomillo, las hojas de laurel, todas las ramitas de lavanda, los dientes de ajo, la sal y la pimienta en grano. Coloque la tapa y cueza a temperatura alta de 2 horas a 2 horas 30 minutos.

Caliente 3 tarros limpios en la parte inferior del horno, a temperatura baja. Introduzca las ciruelas en los tarros, presionándolas, y, a continuación, el resto de las hierbas. Incorpore el vinagre caliente asegurándose de que cubra completamente las ciruelas y, cierre los tarros con gomas y tapaderas.

Etiquete los tarros, espere a que se enfríen y consérvelos en un armario oscuro durante 3 o 4 semanas antes de utilizarlos. Una vez abiertos, deberá introducirlos en el frigorífico.

Para preparar escalonias en vinagre, limpie 1,25 kg de escalonias pequeñas. Póngalas en un cuenco, cúbralas con agua hirviendo y deje que reposen durante 3 minutos; decante el agua y vuelva a cubrirlas con agua fría. Saque las escalonias de una en una y quíteles las pieles marrones. Escúrralas, colóquelas por capas en otro cuenco con 40 g de sal y deje macerar toda la noche. Elabore la mezcla de vinagre en la olla como se indica en la receta, pero emplee 250 g de azúcar blanquilla y la misma cantidad de azúcar mascabado claro y prescinda de la lavanda. Ponga las escalonias en un colador y escurra todo el líquido posible. Enjuague con agua fría y seque dando golpecitos con papel de cocina. Introdúzcalas presionándolas en los tarros precalentados, y añada algunas hierbas más. Vierta el vinagre colado caliente, ponga un trozo de papel sulfurizado arrugado para sumergir las escalonias y termine como se indica en la receta.

café picante al estilo mexicano

4 raciones
tiempo de preparación
10 minutos
temperatura de cocción **baja**
tiempo de cocción **3-4 horas**

50 g de **cacao en polvo**
4 cucharaditas de **café
instantáneo**
1 litro de **agua** hirviendo
150 ml de **ron oscuro**
100 g de **azúcar blanquilla**
½ cucharadita de **canela molida**
1 **guindilla** grande fresca o seca,
partida por la mitad
150 ml de **crema de leche
espesa**

para **decorar**
2 cucharadas de **chocolate
negro** rallado

Precaliente la olla eléctrica de cocción lenta, en caso necesario; consulte las instrucciones del fabricante. Ponga el cacao y el café instantáneo en un cuenco y mezcle con un poco de agua hirviendo hasta obtener una pasta homogénea.

Vierta la pasta de cacao en el recipiente extraíble de la olla y, a continuación, agregue el resto del agua hirviendo, el ron, el azúcar, la canela y la guindilla y remuévalo. Coloque la tapadera y cueza a temperatura baja durante 3 o 4 horas hasta que esté bien caliente o hasta que el café esté a su gusto.

Remueva bien y sírvalo con un cucharón en vasos resistentes al calor. Bata la crema de leche hasta que empiece a tomar cuerpo y sirva, con una cuchara, un poco en cada vaso. Decore cada café con un poco de chocolate rallado y una guindilla seca, si lo desea.

Para preparar café con moca caliente, reduzca la cantidad de agua hirviendo a 900 ml y utilice 1 cucharadita de extracto de vainilla, en lugar del ron y la guindilla. Cocínelo como se indica en la receta e incorpore, sin dejar de batir, 300 ml de leche. Viértalo en vasos resistentes al calor; cubra con crema de leche como se indica en la receta y decore con algunas nubes mini.

ponche caliente al estilo jamaicano

6 raciones
tiempo de preparación
10 minutos
temperatura de cocción **alta**
y **baja**
tiempo de cocción **3-4 horas**

el jugo de 3 **limas**
300 ml de **ron oscuro**
300 ml de **vino de jengibre**
600 ml de **agua** fría
75 g de **azúcar blanquilla**

para **decorar**
1 **lima**, en rodajas finas
2 rodajas de **piña**, sin el corazón,
con la piel y troceadas

Precaliente la olla eléctrica de cocción lenta, en caso necesario; consulte las instrucciones del fabricante. Cuele el jugo de las limas en el recipiente extraíble de la olla y deseche las pepitas. Añada el ron, el vino de jengibre, el agua y el azúcar; coloque la tapa y cueza a temperatura alta durante 1 hora.

Baje la temperatura y cueza 2 o 3 horas, o hasta que el ponche esté bien caliente o desee servirlo. Remueva bien y, a continuación, viértalo con un cucharón en vasos resistentes al calor y añada 1 rodaja de lima y 2 pedazos de piña a cada vaso.

Para preparar un *toddy* de ron, ponga en la olla de cocción lenta las ralladuras de 1 limón y de 1 naranja, el jugo de 3 limones y de 3 naranjas. Agregue 125 g de miel espesa y el azúcar. Aumente la cantidad de agua a 750 ml y reduzca la de ron a 150 ml. Cueza y sirva como se indica en la receta.

ponche caliente de vino tinto y arándanos rojos

8-10 vasos
tiempo de preparación
   10 minutos
temperatura de cocción **alta**
   y **baja**
tiempo de cocción **4-5 horas**

75 cl de **vino tinto** embotellado
   corriente
600 ml de **jugo de arándanos
   rojos**
100 ml de **brandy, ron, vodka,**
   o **licor de naranja**
100 g de **azúcar blanquilla**
1 **naranja**
8 **clavos**
1-2 trozos de **canela en rama**
   (dependiendo del tamaño)

para **servir**
1 **naranja**, cortada en gajos
2-3 **hojas de laurel**
unos cuantos **arándanos rojos**
   frescos

Precaliente la olla eléctrica de cocción lenta, en caso necesario; consulte las instrucciones del fabricante. Vierta en el recipiente extraíble de la olla el vino tinto, el jugo de arándanos y el brandy u otra bebida alcohólica y, a continuación, incorpore el azúcar, sin dejar de remover.

Inserte un clavo en cada gajo de naranja. Corte la canela en trozos grandes y agréguelos al recipiente de la olla de cocción lenta junto con los pedazos de naranja. Coloque la tapa y cueza a temperatura alta durante 1 hora. Baje la temperatura y cueza durante 3 o 4 horas.

Sustituya los gajos de naranja por otros nuevos y agregue las hojas de laurel y los arándanos. Viértalo con un cucharón en vasos resistentes al calor, reservando las frutas y las hierbas, si lo desea.

Para preparar un ponche caliente de vino tinto y naranja, prepare el vino como se indica en la receta, pero prescinda del jugo de arándanos y añada en su lugar 300 ml de agua. Sírvalo decorado con algunas frutas y hierbas extras.